CARRÉS CLASSIQUES

Collection COLLÈGE dirigée par
Cécile de Cazanove
Agrégée de Lettres modernes

La [illegible]

Comédie

1750

texte intégral

Édition présentée par
Anne Revert
Agrégée de Lettres modernes

Nathan

SOMMAIRE

Avant la lecture

Lire *La Colonie*

Le dossier du collégien

ISBN : 978 209 188695-1

Avant la lecture

Qui êtes-vous, Marivaux ?

◆ Parlez-nous de votre famille, de vos études et de vos débuts dans la carrière d'écrivain.

Mon nom est Pierre Carlet. Je suis né à Paris en 1688. Mon père était fonctionnaire et lorsque j'ai eu 10 ans, nous avons déménagé en province, à Riom. J'ai grandi dans une famille de la petite noblesse et j'ai suivi des études de droit. J'ai obtenu ma licence à 33 ans, mais je ne souhaitais pas exercer le métier d'avocat. Entre temps j'avais déjà écrit deux comédies, une tragédie, une épopée burlesque, un récit satirique. Ma carrière littéraire était lancée.

« J'ai trouvé le succès au théâtre. »

◆ Quels événements ont marqué votre vie personnelle ?

Le premier événement, c'est l'effondrement du système bancaire de John Law, en mai 1720, qui a entraîné la ruine de nombreux actionnaires, notamment la mienne. Le deuxième, c'est malheureusement la mort de ma femme, Colombe, trois ans plus tard. J'ai dû m'occuper seul de notre fille de 5 ans. La littérature était pour moi le seul moyen de gagner de l'argent et il fallait absolument que j'aie du succès. C'est au théâtre que je l'ai trouvé. Le troisième événement marquant de ma vie est **mon élection à l'Académie française**, en 1742.

◆ Quelles rencontres ont influencé votre vie d'écrivain ?

Je dois à Malebranche, un théologien, mon optimisme en la nature humaine. D'autre part, lorsque j'ai cherché un protecteur pour commencer ma carrière littéraire, je me suis tourné vers Fontenelle. J'ai pris à ses côtés le parti des Modernes et me suis intéressé à des sujets et des genres nouveaux. J'ai aussi beaucoup fréquenté les salons littéraires de Mesdames Lambert, Geoffrin et Tencin. Enfin, ma rencontre avec Luigi Riccoboni, le directeur du nouveau Théâtre-Italien, a été décisive.

◆ Vos contemporains vous ont accablé de reproches. Pourquoi ?

Je gênais, j'agaçais, par mon indépendance et ma sensibilité. Lorsque j'ai choisi **les Modernes**, je suis devenu la cible d'attaques. Pour ne rien arranger, je suis entré à l'Académie française avant Voltaire ! Toutefois, la liberté de ton et de mouvement de mes comédies, soulignée par le jeu libéré, improvisé, fantaisiste des comédiens italiens a fini par plaire au public. Certaines de mes œuvres ont connu beaucoup de succès. Je pense à *Arlequin poli par l'amour*, à *La Double Inconstance*, à *L'Île des esclaves*, au *Jeu de l'Amour et du Hasard* ou encore à mes romans, notamment *La Vie de Marianne*. Dans les reproches qui me sont adressés entre beaucoup de jalousie ! Enfin je suis issu de la petite noblesse alors que Voltaire ou Diderot sont bourgeois et à mon époque, les rivalités entre les classes sociales sont très fortes.

« *Je gênais par mon indépendance et ma sensibilité.* »

Marivaux meurt à Paris le 12 février 1763, à l'âge de 75 ans. Ses contemporains l'ont toujours considéré comme un auteur mineur, réputation qu'il gardera jusqu'au XXe siècle. Aujourd'hui, les pièces de Marivaux sont très souvent jouées. Les plus grands metteurs en scène des trente dernières années, Vilar, Planchon, Bluwal, Chéreau, Lassalle, les ont montées au théâtre. ■

La France au temps de Marivaux

En 1685, Louis XIV révoque l'Édit de Nantes : les Protestants (ou Huguenots) ne peuvent plus pratiquer leur culte sur le territoire français. Ils doivent se convertir au catholicisme ou partir du pays, sous peine d'être persécutés. Les tensions en Europe vont grandir. Alors que certains pays catholiques sont gouvernés par des monarchies absolues de droit divin (la France ou l'Espagne), dans d'autres pays, protestants (l'Angleterre ou les Pays-Bas), des parlements représentent le peuple et commencent à participer au pouvoir. En 1688, l'année de naissance de Marivaux, le roi d'Angleterre catholique Jacques II est détrôné. Son gendre, un protestant, prend le pouvoir. L'Angleterre s'unit avec les principaux pays d'Europe contre la France qui subit des défaites militaires. La paix est signée en 1713 par le traité d'Utrecht, mais les tensions subsistent.

« C'est l'esprit des Lumières. »

◆ Le siècle des Lumières

Des penseurs de toute l'Europe diffusent leurs idées sur la séparation des pouvoirs, sur la liberté de commerce, de religion, de pensée et d'expression, sur la nécessité de fuir les préjugés et la superstition, sur la dénonciation des injustices et des inégalités. C'est l'**esprit des Lumières** que l'on trouve dans les écrits de Voltaire, Montesquieu, Diderot et les encyclopédistes en France, Leibniz

1688
Naissance de Pierre Carlet futur Marivaux

1720
Effondrement du système de Law
Succès d'*Arlequin poli par l'amour*

1722-1724
La Surprise de l'amour, *La Double Inconstance*

1643-1715 RÈGNE DE LOUIS XIV

1715-1723 RÉGENCE DE PHILIPPE D'ORLÉANS

1685
Révocation de l'Édit de Nantes

1713
Traité d'Utrecht

et Kant en Allemagne, John Locke en Angleterre, Spinoza aux Pays-Bas.

◆ La société au XVIIIe siècle

En France, la société d'Ancien Régime est divisée en trois ordres : le Tiers-État, le clergé et la noblesse. Depuis le XVIIe siècle, la bourgeoisie s'enrichit. Au XVIIIe siècle, cette classe active composée d'artisans, de commerçants et d'industriels a conscience de jouer un rôle économique clé dans la richesse du pays. Or elle doit faire face à des réglementations anciennes qui gênent le marché : taxes lourdes, inégalités de péages et de contrôles en fonction des régions.

Les écrivains du siècle des Lumières sont leurs porte-paroles et souhaitent exprimer de nouvelles idées sociales et politiques. Après le règne de Louis XIV, la Régence de Philippe d'Orléans autorise une certaine liberté d'expression. Le contexte est donc favorable à une réflexion sur le pouvoir, sur la distribution des richesses, sur la nécessité de réformes, sur la sensibilisation de l'opinion aux injustices. Ces idées aboutiront, en 1789, à la **Révolution française**.

« Marivaux n'est pas un auteur révolutionnaire. »

C'est dans les salons, les cafés et les clubs que les gens d'esprit (ou les intellectuels) se rencontrent à Paris. Madame de Lambert reçoit Fontenelle, Montesquieu et Marivaux quand Voltaire, Diderot, Marmontel préfèrent le café Procope. Marivaux n'est pas un auteur révolutionnaire. Cependant dans *La Colonie*, une réflexion politique est proposée au public, dans le cadre fictif d'**une utopie**, genre très en vogue au XVIIIe siècle. ■

1725-1729	1742	1750	1763
L'Île des esclaves, L'Île de la raison, La Nouvelle Colonie	Élection à l'Académie française	*La Colonie*	Mort de Marivaux

1715-1774 RÈGNE DE LOUIS XV

1756-1763	1789
Guerre de 7 ans	Révolution française

Qui sont les personnages ?

Arthénice

Noble et veuve, elle mène la révolte des femmes, souhaite abolir le mariage et créer de nouvelles règles sociales. Femme des Lumières, elle veut l'égalité des classes sans pour autant renoncer à son statut.

Madame Sorbin

Épouse d'un artisan et mère de Lina, cette bourgeoise est très engagée dans la lutte contre les privilèges accordés aux hommes. Elle est très autoritaire, insolente et agressive.

Monsieur Sorbin

Choisi par les hommes pour rédiger la constitution de l'île, il rit des revendications des femmes. Il veut rétablir l'ordre, refuse la violence et fait preuve de bon sens et de sensibilité.

Lina

Amoureuse de Persinet, elle n'a qu'un objectif : l'épouser, mais sa mère n'est pas d'accord.

Persinet

Naïf, il est soumis et bousculé par tous les personnages, sauf par Lina son amoureuse.

Hermocrate

Le nom de ce jeune homme noble signifie « doué du pouvoir d'Hermès, le messager des dieux ». Il méprise les revendications des femmes et invente la ruse finale.

Lire...

La Colonie

Comédie (1750)

Marivaux

TEXTE INTÉGRAL

Quelle colonie ?

La Colonie est la reprise d'une ancienne pièce de Marivaux nommée *La Nouvelle Colonie* ou *L'Assemblée des femmes*, représentée une seule fois le 18 juin 1729. Le titre évoque sans doute la colonie nouvelle du Mississipi. L'abbé Prévost y placera le dénouement de son célèbre roman *Manon Lescaut* deux ans plus tard.

Les personnages

- ARTHÉNICE, femme noble.
- MADAME SORBIN, femme d'artisan.
- MONSIEUR SORBIN, mari de Madame Sorbin.
- TIMAGÈNE, homme noble.
- LINA, fille de Madame Sorbin.
- PERSINET, jeune homme du peuple, amant de Lina.
- HERMOCRATE, autre noble.
- Troupe de femmes, tant nobles que du peuple.

La scène est dans une île où sont abordés[1] tous les acteurs.

1. Où sont abordés : où ont fait naufrage.

ARTHÉNICE, MADAME SORBIN

ARTHÉNICE. – Ah çà ! Madame Sorbin, ou plutôt ma compagne, car vous l'êtes, puisque les femmes de votre état[1] viennent de vous revêtir du même pouvoir dont les femmes nobles m'ont revêtue moi-même, donnons-nous la main, unissons-nous et n'ayons qu'un même esprit toutes les deux.

MADAME SORBIN, *lui donnant la main.* – Conclusion, il n'y a plus qu'une femme et qu'une pensée ici.

ARTHÉNICE. – Nous voici chargées du plus grand intérêt que notre sexe[2] ait jamais eu, et cela dans la conjoncture du monde[3] la plus favorable pour discuter notre droit vis-à-vis les hommes[4].

MADAME SORBIN. – Oh ! pour cette fois-ci, Messieurs, nous compterons ensemble[5].

ARTHÉNICE. – Depuis qu'il a fallu nous sauver avec eux dans cette île où nous sommes fixées, le gouvernement de notre patrie a cessé.

MADAME SORBIN. – Oui, il en faut un tout neuf ici, et l'heure est venue. Nous voici en place d'avoir[6] justice, et de sortir de l'humilité[7] ridicule qu'on nous a imposée depuis le commencement du monde : plutôt mourir que d'endurer plus longtemps nos affronts.

ARTHÉNICE. – Fort bien, vous sentez-vous en effet[8] un courage qui réponde à la dignité de votre emploi ?

L'île dans la littérature du XVIIIe

Marivaux développe, dans *La Colonie*, *l'Île des esclaves* et *l'Île de la raison*, un thème à la mode : l'île bienheureuse, où l'on vit heureux dans une société idéale. Dans son premier roman, *Les Effets surprenants de la sympathie*, une des héroïnes, naufragée dans une île, convertit les habitants sauvages à l'humanité et à la religion naturelle.

1. **De votre état** : du Tiers-État (voir p. 8-9).
2. **Notre sexe** : les femmes.
3. **La conjoncture du monde** : les circonstances.
4. **Vis-à-vis les hommes** : face aux hommes.
5. **Nous compterons ensemble** : nous compterons autant que vous.
6. **En place d'avoir** : capables d'obtenir.
7. **L'humilité** : la soumission.
8. **En effet** : en réalité.

MADAME SORBIN. – Tenez, je me soucie aujourd'hui de la vie comme d'un fétu[9]. En un mot comme en cent[10], je me sacrifie, je l'entreprends. Madame Sorbin veut vivre dans l'histoire et non pas dans le monde.

ARTHÉNICE. – Je vous garantis un nom immortel.

MADAME SORBIN. – Nous, dans vingt mille ans, nous serons encore la nouvelle du jour.

ARTHÉNICE. – Et quand même[11] nous ne réussirions pas, nos petites-filles réussiront.

MADAME SORBIN. – Je vous dis que les hommes n'en reviendront jamais. Au surplus, vous qui m'exhortez[12], il y a ici un certain Monsieur Timagène qui court après votre cœur ; court-il encore ? Ne l'a-t-il pas pris ? Ce serait là un furieux sujet de faiblesse humaine, prenez-y garde.

ARTHÉNICE. – Qu'est-ce que c'est que Timagène[13], Madame Sorbin ? Je ne le connais plus depuis notre projet. Tenez ferme et ne songez qu'à m'imiter.

MADAME SORBIN. – Qui ? Moi ! Et où est l'embarras ? Je n'ai qu'un mari, qu'est-ce que cela coûte à laisser ? Ce n'est pas là une affaire de cœur.

ARTHÉNICE. – Oh ! j'en conviens.

MADAME SORBIN. – Ah çà ! vous savez bien que les hommes vont dans un moment s'assembler sous des tentes, afin d'y choisir entre eux deux hommes qui nous feront des lois. On a battu le tambour pour convoquer l'assemblée.

ARTHÉNICE. – Eh bien ?

9. **Comme d'un fétu** : comme d'un brin de paille, comme d'un rien.
10. **En un mot comme en cent** : bref.
11. **Et quand même** : et quand bien même.
12. **Vous qui m'exhortez** : vous qui m'encouragez à parler.
13. **Qu'est-ce que c'est que Timagène** : qui est ce Timagène.

Madame Sorbin. – Eh bien ? il n'y a qu'à faire battre le tambour aussi pour enjoindre[14] à nos femmes d'avoir à mépriser les règlements de ces messieurs, et dresser tout de suite une belle et bonne ordonnance[15] de séparation d'avec les hommes, qui ne se doutent encore de rien.

Arthénice. – C'était mon idée, sinon qu'au lieu du tambour, je voulais faire afficher notre ordonnance à son de trompe.

Madame Sorbin. – Oui-da[16], la trompe est excellente et fort convenable.

Arthénice. – Voici Timagène et votre mari qui passent sans nous voir.

Madame Sorbin. – C'est qu'apparemment ils vont se rendre au Conseil. Souhaitez-vous que nous les appelions ?

Arthénice. – Soit, nous les interrogerons sur ce qui se passe. *(Elle appelle Timagène.)*

Madame Sorbin, *appelle aussi.* – Holà ! notre homme.

Le tambour et la trompe

Le tambour est un nom de genre masculin. Symbole de l'offensive, attribut du dieu de la guerre, c'est un objet populaire. La trompe, de genre féminin, annonce les grands événements historiques ou cosmiques : le Jugement dernier ou une cérémonie. C'est un objet plus solennel.

14. **Enjoindre** : ordonner.
15. **Une ordonnance** : une loi, un règlement.
16. **Oui-da** : oui (propre au langage du peuple).

Pause lecture 1 *Scène I*

Avez-vous bien lu ?

- Madame Sorbin appartient : ❑ à la noblesse. ❑ au Tiers-État.
- Arthénice appartient : ❑ à la noblesse. ❑ au Tiers-État.

Au fil du texte

1. D'après la première réplique d'Arthénice, que s'est-il passé avant le début de la pièce ? Comment appelle-t-on la première scène d'une pièce de théâtre ?
2. À la ligne 22, Arthénice demande à madame Sorbin si elle aura assez de courage. Qu'ont-elles l'intention de faire ?
3. **Zoom sur les lignes 31-32**
   a. Quels sont les modes et les temps de « réussirions » et de « réussiront » ?
   b. Cherchez les sujets de ces verbes et expliquez l'emploi des temps et des modes.
   c. De quoi Arthénice est-elle certaine ?
4. Qui est Timagène ? Pourquoi Arthénice réplique-t-elle « Je ne le connais plus » à la ligne 39 ?
5. Pourquoi les hommes vont-ils bientôt se réunir sous des tentes ?
6. Relisez l'encart sur le tambour et la trompe (p. 17). De quoi ces instruments de musique sont-ils les symboles ?

Pour conclure

7 En quoi le lieu de l'action et les raisons qui ont amené les personnages à s'y retrouver sont-ils favorables à une réflexion politique ?

8 À la fin de la scène, qui en sait le plus sur les intentions des femmes : le spectateur ou les hommes ?

9 Quel regard Madame Sorbin et Arthénice portent-elles sur l'amour et le mariage ? Qu'est-ce qui leur semble plus important ?

10 Quel sera, à votre avis, l'accueil que les hommes réserveront aux idées des deux femmes ?

Vocabulaire Sens propre et figuré

a. Cherchez dans un dictionnaire les sens du verbe « revenir ». Rédigez trois phrases dans lesquelles le verbe « revenir » aura des sens différents. Que signifie-t-il aux lignes 33-34 ?

b. Madame Sorbin emploie deux fois le verbe « courir » aux lignes 35-36. Est-il pris au sens propre ou figuré ? Trouvez les sens de ce verbe en reformulant les propos de madame Sorbin.

Écriture

Que pensez-vous des idées des deux femmes ? Rédigez un court paragraphe pour présenter votre opinion.

Scène II

LES ACTEURS PRÉCÉDENTS, MONSIEUR SORBIN, TIMAGÈNE

TIMAGÈNE. – Ah ! pardon, belle Arthénice, je ne vous croyais pas si près.

MONSIEUR SORBIN. – Qu'est-ce que c'est que tu veux, ma femme ? Nous avons hâte[1].

MADAME SORBIN. – Eh ! là, là, tout bellement[2], je veux vous voir, Monsieur Sorbin, bonjour. N'avez-vous rien à me communiquer, par hasard ou autrement ?

MONSIEUR SORBIN. – Non, que veux-tu que je te communique, si ce n'est le temps qu'il fait, ou l'heure qu'il est ?

ARTHÉNICE. – Et vous, Timagène, que m'apprendrez-vous ? Parle-t-on des femmes parmi vous ?

TIMAGÈNE. – Non, Madame, je ne sais rien qui les concerne ; on n'en dit pas un mot.

ARTHÉNICE. – Pas un mot, c'est fort bien fait.

MADAME SORBIN. – Patience, l'affiche[3] vous réveillera.

MONSIEUR SORBIN. – Que veux-tu dire avec ton affiche ?

MADAME SORBIN. – Oh ! rien, c'est que je me parle.

ARTHÉNICE. – Eh ! dites-moi, Timagène, où allez-vous tous deux d'un air si pensif ?

TIMAGÈNE. – Au Conseil, où l'on nous appelle, et où la noblesse et tous les notables d'une part, et le peuple de l'autre, nous menacent, cet honnête homme et moi, de nous nommer pour

1. **Nous avons hâte** : nous sommes pressés.
2. **Tout bellement** : doucement, du calme.
3. **L'affiche** : le décret, la loi qui sera affichée.

travailler aux lois, et j'avoue que mon incapacité me fait déjà trembler.

MADAME SORBIN. – Quoi, mon mari, vous allez faire des lois ?

MONSIEUR SORBIN. – Hélas, c'est ce qui se publie, et ce qui me donne un grand souci.

MADAME SORBIN. – Pourquoi, Monsieur Sorbin ? Quoique vous soyez massif[4] et d'un naturel un peu lourd, je vous ai toujours connu un très bon gros jugement qui viendra[5] fort bien dans cette affaire-ci ; et puis je me persuade que ces messieurs auront le bon esprit de demander des femmes pour les assister, comme de raison[6].

MONSIEUR SORBIN. – Ah ! tais-toi avec tes femmes, il est bien question de rire !

MADAME SORBIN. – Mais vraiment, je ne ris pas.

MONSIEUR SORBIN. – Tu deviens donc folle ?

MADAME SORBIN. – Pardi, Monsieur Sorbin, vous êtes un petit élu du peuple bien impoli ; mais par bonheur, cela se passera avec une ordonnance, je dresserai des lois aussi, moi.

MONSIEUR SORBIN, *il rit*. – Toi ! hé ! hé ! hé ! hé !

TIMAGÈNE, *riant*. – Hé ! hé ! hé ! hé !…

ARTHÉNICE. – Qu'y a-t-il donc là de si plaisant ? Elle a raison, elle en fera, j'en ferai moi-même.

TIMAGÈNE. – Vous, Madame ?

MONSIEUR SORBIN, *riant*. – Des lois !

ARTHÉNICE. – Assurément.

La parlure au théâtre

Au théâtre, la façon de parler (ou parlure) des personnages permet d'identifier leur classe sociale. Le vocabulaire concret et les tournures parfois familières de madame Sorbin montrent que c'est une bourgeoise, tandis que le langage soutenu d'Arthénice indique qu'elle appartient à la noblesse.

4. **Massif** : grossier.
5. **Viendra** : conviendra.
6. **Comme de raison** : naturellement, cela semble évident.

MONSIEUR SORBIN, *riant*. – Ah bien, tant mieux, faites, amusez-vous, jouez une farce. Mais gardez-nous votre drôlerie pour une autre fois, cela est trop bouffon pour le temps qui court.

TIMAGÈNE. – Pourquoi ? La gaieté est toujours de saison.

ARTHÉNICE. – La gaieté, Timagène ?

MADAME SORBIN. – Notre drôlerie, Monsieur Sorbin ? Courage, on vous en donnera de la drôlerie.

MONSIEUR SORBIN. – Laissons là ces rieuses, Seigneur Timagène, et allons-nous-en. Adieu, femme, grand merci de ton assistance.

ARTHÉNICE. – Attendez, j'aurais une ou deux réflexions à communiquer à Monsieur l'Élu de la noblesse.

TIMAGÈNE. – Parlez, Madame.

ARTHÉNICE. – Un peu d'attention. Nous avons été obligés, grands et petits, nobles, bourgeois et gens du peuple, de quitter notre patrie pour éviter la mort ou pour fuir l'esclavage de l'ennemi qui nous a vaincus.

MONSIEUR SORBIN. – Cela m'a l'air d'une harangue[7], remettons-la à tantôt[8], le loisir[9] nous manque.

MADAME SORBIN. – Paix, malhonnête.

TIMAGÈNE. – Écoutons.

ARTHÉNICE. – Nos vaisseaux nous ont portés dans ce pays sauvage, et le pays est bon.

MONSIEUR SORBIN. – Nos femmes y babillent[10] trop.

MADAME SORBIN, *en colère*. – Encore !

7. **Une harangue** : un long discours.
8. **À tantôt** : à plus tard.
9. **Le loisir** : le temps.
10. **Babillent** : parlent pour ne rien dire.

ARTHÉNICE. – Le dessein est formé d'y rester, et comme nous y sommes tous arrivés pêle-mêle, que la fortune[11] y est égale entre tous, que personne n'a droit d'y commander, et que tout y est en confusion, il faut des maîtres, il en faut un ou plusieurs, il faut des lois.

TIMAGÈNE. – Hé, c'est à quoi nous allons pourvoir[12], Madame.

MONSIEUR SORBIN. – Il va y avoir de tout cela en diligence[13], on nous attend pour cet effet.

ARTHÉNICE. – Qui, nous ? Qui entendez-vous[14] par nous ?

MONSIEUR SORBIN. – Eh pardi, nous entendons, nous, ce ne peut pas être d'autres.

ARTHÉNICE. – Doucement, ces lois, qui est-ce qui va les faire, de qui viendront-elles ?

MONSIEUR SORBIN, *en dérision*[15]. De nous.

MADAME SORBIN. – Des hommes !

MONSIEUR SORBIN. – Apparemment.

ARTHÉNICE. – Ces maîtres, ou bien ce maître, de qui le tiendra-t-on ?

MADAME SORBIN, *en dérision*. – Des hommes.

MONSIEUR SORBIN. – Eh ! apparemment.

ARTHÉNICE. – Qui sera-t-il ?

MADAME SORBIN. – Un homme.

MONSIEUR SORBIN. – Eh ! qui donc ?

ARTHÉNICE. – Et toujours des hommes et jamais de femmes, qu'en pensez-vous, Timagène ? car le gros[16] jugement de votre adjoint ne va pas jusqu'à savoir ce que je veux dire.

11. **La fortune** : le sort.
12. **C'est à quoi nous allons pourvoir** : c'est ce que nous allons faire.
13. **En diligence** : rapidement.
14. **Qui entendez-vous ?** : à qui pensez-vous ?
15. **En dérision** : en se moquant.
16. **Le gros jugement** : le peu de subtilité.

Louis Nicolas van Blarenberghe (1716-1794), *Vue de la ville du Cap français, vue de la colline à Saint Domingue*, 1779.

TIMAGÈNE. – J'avoue, Madame, que je n'entends[17] pas bien la difficulté non plus.

ARTHÉNICE. – Vous ne l'entendez pas ? Il suffit[18], laissez-nous.

MONSIEUR SORBIN, *à sa femme*. Dis-nous donc ce que c'est.

MADAME SORBIN. – Tu me le demandes, va-t'en.

TIMAGÈNE. – Mais, Madame…

ARTHÉNICE. – Mais, Monsieur, vous me déplaisez là.

MONSIEUR SORBIN, *à sa femme*. Que veut-elle dire ?

MADAME SORBIN. – Mais va porter ta face d'homme ailleurs.

MONSIEUR SORBIN. – À qui en ont-elles[19] ?

MADAME SORBIN. – Toujours des hommes, et jamais de femmes, et ça[20] ne nous entend pas.

MONSIEUR SORBIN. – Eh bien, après ?

MADAME SORBIN. – Hum ! Le butor[21], voilà ce qui est après.

TIMAGÈNE. – Vous m'affligez[22], Madame, si vous me laissez partir sans m'instruire de ce qui vous indispose[23] contre moi.

ARTHÉNICE. – Partez, Monsieur, vous le saurez au retour de votre Conseil.

MADAME SORBIN. – Le tambour vous dira le reste, ou bien le placard[24] au son de la trompe.

MONSIEUR SORBIN. – Fifre, trompe ou trompette, il ne m'importe guère ; allons, Monsieur Timagène.

TIMAGÈNE. – Dans l'inquiétude où je suis, je reviendrai, Madame, le plus tôt qu'il me sera possible.

Les jeux de scène

On doit imaginer ici un jeu de scène comme des grimaces par exemple. Le théâtre de Marivaux est toujours en mouvement : les comédiens enchaînent déplacements, comiques de geste et de mots, en héritiers de la farce et de la *commedia dell'arte*.

17. **Je n'entends** : je ne comprends.
18. **Il suffit** : cela suffit.
19. **À qui en ont-elles ?** : contre qui en ont-elles ?
20. **Ça** : monsieur Sorbin et Timagène.
21. **Le butor** : le grossier, le rustre.
22. **Vous m'affligez** : vous me peinez, vous m'accablez de tristesse.
23. **Vous indispose** : vous fâche.
24. **Le placard** : l'affiche.

MADAME SORBIN, ARTHÉNICE

ARTHÉNICE. – C'est nous faire un nouvel outrage[1] que de ne nous entendre[2] pas.

MADAME SORBIN. – C'est l'ancienne coutume d'être impertinent de père en fils, qui leur bouche l'esprit.

1. **Outrage** : affront.
2. **Entendre** : comprendre.

Le départ de Sancho pour l'île de Barataria, tapisserie de Charles Joseph Natoire, atelier de Beauvais, XVIIIe siècle.

Pause lecture 2

Avez-vous bien lu ?

- Timagène est : ❑ noble. ❑ membre du Tiers-État.
- Monsieur Sorbin est : ❑ noble. ❑ membre du Tiers-État.
- Les hommes rient : ❑ avec les femmes. ❑ pour se moquer des femmes.

Au fil du texte

1. Pour quelle raison les personnages se retrouvent-ils sur une île ?
2. Où Timagène et monsieur Sorbin vont-ils ?
3. **Zoom sur les six premières répliques de la scène II** (lignes 1 à 13).
   a. Pourquoi les personnages donnent-ils le nom de la personne à qui ils s'adressent ? En quoi est-ce important en début de pièce ?
   b. Pour se parler, quel pronom personnel utilisent Arthénice et Timagène ? et M. et Mme Sorbin ? Que révèle cette différence sur leurs classes sociales ?
4. Quel portrait madame Sorbin dresse-t-elle de son mari ?
5. Comment expliquez-vous les rires des hommes ? En quoi monsieur Sorbin et Timagène se ressemblent-ils ?
6. À la ligne 14, Arthénice réplique : « Pas un mot, c'est fort bien fait ». Quel type d'humour emploie ici Arthénice ? Madame Sorbin adopte-t-elle le même ton ? Justifiez votre réponse.

Pour conclure

7 Aux lignes 48-49 de la scène II, monsieur Sorbin dit aux femmes, en riant : « amusez-vous, jouez une farce » mais en définitive, qui joue une farce ridicule dans cette scène ? Justifiez votre réponse.

8 Dans sa réplique à la ligne 15 de la scène II, Madame Sorbin emploie le verbe « réveiller ». En quoi peut-on dire que les hommes sont « endormis » ?

9 Quelles différences opposent les hommes et les femmes dans ces deux scènes ?

Vocabulaire La répétition

Relisez le passage des lignes 79 à 97 de la scène II.

a. Quel est le référent du pronom « nous » dans la première réplique de monsieur Sorbin ? Quel problème soulève Arthénice par sa question : « Qui, nous ? » (l. 81). Est-elle comprise ?

b. Lisez la suite du dialogue. Quel autre mot est répété plusieurs fois ? Quel est l'effet produit ?

Écriture

Imaginez que ce sont les femmes qui sortent à la fin de la scène II. Réécrivez la scène III en rédigeant les répliques qu'échangeraient M. Sorbin et Timagène.

Madame Sorbin, Arthénice, Lina, Persinet

Persinet. – Je viens à vous, vénérable et future belle-mère. Vous m'avez promis la charmante Lina et je suis bien impatient d'être son époux ; je l'aime tant, que je ne saurais plus supporter l'amour sans le mariage.

Arthénice, *à Madame Sorbin.* – Écartez ce jeune homme, Madame Sorbin. Les circonstances présentes nous obligent de rompre avec toute son espèce[1].

Madame Sorbin. – Vous avez raison, c'est une fréquentation qui ne convient plus.

Persinet. – J'attends réponse.

Madame Sorbin. – Que faites-vous là, Persinet ?

Persinet. – Hélas ! je vous intercède[2], et j'accompagne ma nonpareille[3] Lina.

Madame Sorbin. – Retournez-vous-en.

Lina. – Qu'il s'en retourne ! eh ! d'où vient[4], ma mère ?

Madame Sorbin. – Je veux qu'il s'en aille, il le faut, le cas le requiert[5], il s'agit d'affaire d'État.

Lina. – Il n'a qu'à nous suivre de loin.

Persinet. – Oui, je serai content de me tenir humblement derrière.

Madame Sorbin. – Non, point de façon de se tenir, je n'en accorde point. Écartez-vous, ne nous approchez pas jusqu'à la paix.

Persinet

Dans la première version de la pièce, *La Nouvelle Colonie*, le rôle de Persinet était tenu par Arlequin, personnage issu de la *commedia dell'arte* italienne. Dans cette tradition théâtrale, il incarne le serviteur naïf et soumis.

1. **Avec toute son espèce** : avec tous les hommes.
2. **Je vous intercède** : les dictionnaires ne connaissent que la construction « intercéder auprès de ». Persinet commet donc une impropriété.
3. **Nonpareille** : comparable à nulle autre, exceptionnelle.
4. **D'où vient ?** : pourquoi ?
5. **Le cas le requiert** : la situation le demande, l'exige.

Lina. – Adieu, Persinet, jusqu'au revoir[6] ; n'obstinons[7] point ma mère.

Persinet. – Mais qui est-ce qui a rompu la paix ? Maudite guerre[8], en attendant que tu finisses, je vais m'affliger[9] tout à mon aise, en mon petit particulier[10].

Noms, prénoms et diminutifs

Madame et Monsieur Sorbin n'ont pas de prénom. Leur nom de famille est caractéristique du Tiers-État. Lina est probablement un diminutif et Persinet est un nom de famille employé comme surnom. À l'inverse, les nobles portent des prénoms tirés du grec.

Jean-Honoré Fragonard (1732-1806) et Marguerite Gérard (1761-1837), *Le Baiser à la dérobée*, 1787-88, huile sur toile (45 × 54), musée de l'Ermitage, Saint-Pétersbourg.

6. **Jusqu'au revoir** : au revoir.
7. **N'obstinons pas** : ne fâchons pas.
8. **Guerre** : guerre entre les hommes et les femmes.
9. **M'affliger** : pleurer.
10. **En mon petit particulier** : tout seul.

ARTHÉNICE, MADAME SORBIN, LINA

LINA. – Pourquoi donc le maltraitez-vous, ma mère ? Est-ce que vous ne voulez plus qu'il m'aime, ou qu'il m'épouse ?

MADAME SORBIN. – Non, ma fille, nous sommes dans une occurrence[1] où l'amour n'est plus qu'un sot.

LINA. – Hélas ! quel dommage[2] !

ARTHÉNICE. – Et le mariage, tel qu'il a été jusqu'ici, n'est plus aussi qu'une pure servitude[3] que nous abolissons[4], ma belle enfant, car il faut bien la mettre un peu au fait[5] pour la consoler.

LINA. – Abolir le mariage ! Et que mettra-t-on à la place ?

MADAME SORBIN. – Rien.

LINA. – Cela est bien court.

ARTHÉNICE. – Vous savez, Lina, que les femmes jusqu'ici ont toujours été soumises à leurs maris.

LINA. – Oui, Madame, c'est une coutume qui n'empêche pas l'amour.

MADAME SORBIN. – Je te défends l'amour.

LINA. – Quand il y est, comment l'ôter ? Je ne l'ai pas pris ; c'est lui qui m'a prise, et puis je ne refuse pas la soumission.

MADAME SORBIN. – Comment soumise, petite âme de servante, jour de Dieu[6] ! Soumise, cela peut-il sortir de la bouche d'une femme ? Que je ne vous entende plus proférer[7] cette horreur-là, apprenez que nous nous révoltons.

L'Assemblée des femmes

Dans *L'Assemblée des femmes* d'Aristophane, dramaturge de l'Antiquité, les femmes d'Athènes, déguisées en hommes, conquièrent la majorité à l'assemblée du peuple et y font voter une constitution qui met le pouvoir entre leurs mains. Dans *La Colonie*, elles organisent la même révolte.

1. **Une occurrence** : un cas, une situation.
2. **Quel dommage !** : quelle tragédie ! Le mot a un sens fort au XVIIIe siècle.
3. **Une servitude** : un esclavage, une soumission.
4. **Nous abolissons** : nous supprimons.
5. **La mettre au fait** : l'informer, la tenir au courant.
6. **Jour de Dieu** : juron de femme.
7. **Proférer** : dire.

ARTHÉNICE. – Ne vous emportez point, elle n'a pas été de[8] nos délibérations, à cause de son âge, mais je vous réponds d'elle[9], dès qu'elle sera instruite. Je vous assure qu'elle sera charmée d'avoir autant d'autorité que son mari dans son petit ménage[10], et quand il dira : je veux, de pouvoir répliquer : moi, je ne veux pas.

LINA, *pleurant*. – Je n'en aurai pas la peine. Persinet et moi, nous voudrons toujours la même chose ; nous en sommes convenus entre nous.

MADAME SORBIN. – Prends-y garde avec ton Persinet. Si tu n'as pas des sentiments plus relevés[11], je te retranche[12] du noble corps des femmes. Reste avec ma camarade et moi pour apprendre à considérer ton importance, et surtout qu'on supprime ces larmes qui font confusion à ta mère, et qui rabaissent notre mérite.

ARTHÉNICE. – Je vois quelques-unes de nos amies qui viennent et qui paraissent avoir à nous parler, sachons ce qu'elles nous veulent.

8. **Elle n'a pas été de** : elle n'a pas participé à.
9. **Je vous réponds d'elle** : je vous assure que l'on peut compter sur elle.
10. **Dans son petit ménage** : chez elle, dans son foyer.
11. **Plus relevés** : plus dignes.
12. **Je te retranche** : je te retire, je t'exclus.

Pause lecture 3

Avez-vous bien lu ?

- Persinet est : ❑ un homme d'âge mûr. ❑ un jeune homme.
- Persinet est : ❑ bien accueilli à son arrivée sur scène. ❑ mal accueilli.
- Dans la scène V, Lina pleure : ❑ à cause de Persinet. ❑ à cause de sa mère.

Au fil du texte

Scène IV

1. Pourquoi les deux femmes souhaitent-elles écarter Persinet ? Quel mot prononce-t-il contre lequel elles vont se révolter ?
2. Persinet a-t-il entendu les deux premières répliques échangées par Arthénice et madame Sorbin ? Comment nomme-t-on ce procédé ? Quel est l'intérêt de ce dispositif scénique ?
3. Comment Persinet désigne-t-il Mme Sorbin ? Et celle qu'il aime ? À quelle classe sociale appartient-il ?
4. « Hélas » (l. 12), « qui est-ce qui a rompu la paix ? » (l. 26), « Maudite guerre » (l. 26-27), « je vais m'affliger tout à mon aise » (l. 27-28). Dans quel genre de pièce pourrait-on lire ces répliques au XVIIe siècle ?
5. Persinet est-il un personnage comique ? pathétique (voir lexique) ? ou les deux à la fois ?

Scène V

6. Quels sont les deux points de vue qui s'affrontent dans cette scène ? Précisez pour chacun d'eux les personnages qui le soutiennent.

7 Quels sont les arguments des uns et des autres ? Reformulez-les.

8 Madame Sorbin refuse la servitude des femmes. Toutefois, comment traite-t-elle sa fille ?

9 Montrez que Lina est une jeune fille à la fois raisonnable et naïve.

Pour conclure

10 Dans ces deux scènes, quels personnages représentent la voix du cœur ? Quels sont ceux qui représentent la voix de l'ordre social ? Marivaux prend-il parti pour l'une ou l'autre voix ?

Vocabulaire L'expression du haut degré

a. Dans le langage de Persinet, relevez les éléments qui marquent l'expression de l'intensité. Classez ces éléments selon leur classe grammaticale : noms, adjectifs, verbes, adverbes.

b. Récrivez la première réplique de Persinet en supprimant les adjectifs épithètes et les adverbes. Quelle différence constatez-vous ?

Écriture

Vous êtes metteur en scène et vous dirigez l'actrice jouant le rôle de madame Sorbin. Votre choix est de mettre en relief le ridicule du personnage. Quels conseils de jeu donneriez-vous à cette actrice ?

ARTHÉNICE, MADAME SORBIN, LINA,
QUATRE FEMMES DONT DEUX TIENNENT CHACUNE
UN BRACELET DE RUBAN RAYÉ

UNE DES DÉPUTÉES. – Vénérables compagnes, le sexe[1] qui vous a nommées ses chefs, et qui vous a choisies pour le défendre, vient de juger à propos[2], dans une nouvelle délibération, de vous conférer[3] des marques de votre dignité, et nous vous les apportons de sa part. Nous sommes chargées, en même temps, de vous jurer pour lui une entière obéissance, quand vous lui aurez juré entre nos mains une fidélité inviolable, deux articles essentiels auxquels on n'a pas songé d'abord.

ARTHÉNICE. – Illustres députées, nous aurions volontiers supprimé le faste[4] dont on nous pare. Il nous aurait suffi d'être ornées de nos vertus ; c'est à ces marques qu'on doit nous reconnaître.

MADAME SORBIN. – N'importe, prenons toujours ; ce sera deux parures au lieu d'une.

ARTHÉNICE. – Nous acceptons cependant la distinction dont on nous honore, et nous allons nous acquitter de nos serments[5], dont l'omission[6] a été très judicieusement remarquée. Je commence. *(Elle met sa main dans celle d'une des députées.)* Je fais vœu de vivre pour soutenir les droits de mon sexe opprimé ; je consacre ma vie à sa gloire. J'en jure par ma dignité de femme, par mon inexorable[7] fierté de cœur, qui est un présent du ciel, il ne faut pas s'y tromper. Enfin par l'indocilité[8] d'esprit que j'ai toujours eue dans mon mariage, et qui m'a préservée de l'affront d'obéir à feu mon bourru de mari[9], j'ai dit. À vous, Madame Sorbin.

Le symbole du ruban

Le ruban est un objet à double signification. Bien noué, il est comme une fleur épanouie dont la forme circulaire évoque la perfection, l'héroïsme. Il récompense un acte de courage. Il peut aussi montrer l'enfermement dans la vanité, la fierté d'un personnage qui refuse d'évoluer.

1. **Le sexe** : les femmes.
2. **À propos** : juste.
3. **Vous conférer** : vous donner.
4. **Le faste** : le luxe, les richesses, ici symbolisés par les bracelets.
5. **Nous acquitter de nos serments** : prêter serment.
6. **L'omission** : l'oubli.
7. **Inexorable** : qui ne peut pas changer.
8. **L'indocilité** : l'indépendance.
9. **Feu mon bourru de mari** : mon mari mort et désagréable.

Madame Sorbin. – Approchez, ma fille, écoutez-moi, et devenez à jamais célèbre, seulement pour avoir assisté à cette action si mémorable. *(Elle met sa main dans celle d'une des députées.)* Voici mes paroles : vous irez de niveau avec[10] les hommes ; ils seront vos camarades, et non pas vos maîtres. Madame vaudra partout Monsieur, ou je mourrai à la peine. J'en jure par le plus gros juron que je sache, par cette tête de fer qui ne pliera jamais, et que personne jusqu'ici ne peut se vanter d'avoir réduite, il n'y a qu'à en demander des nouvelles.

Une des députées. – Écoutez, à présent, ce que toutes les femmes que nous représentons vous jurent à leur tour. On verra la fin du monde, la race des hommes s'éteindra avant que nous cessions d'obéir à vos ordres. Voici déjà une de nos compagnes qui accourt pour vous reconnaître.

10. **De niveau avec** : à égalité avec.

Club patriotique des femmes durant la Révolution, peinture des frères Lesueur, XVIIIe siècle, Musée Carnavalet, Paris.

Scène VII

Les devoirs de la femme

Jusqu'au XXe siècle, les femmes ont été réduites à leurs devoirs familiaux. En témoigne ce guide édité à la fin du XIXe siècle : « Il n'y a pas de position sociale qui puisse la mettre à l'abri de faire un jour sa cuisine, de coudre ses robes, de laver son linge, de soigner ses appartements. [...] Son dédain et son ignorance de tous les détails, de tous les devoirs qui seuls rendent les femmes utiles, respectables, nécessaires est la preuve d'une mauvaise éducation et d'une âme peu élevée » Clarisse Juranville, *Guide pratique de la vie usuelle à l'usage des jeunes filles*, 1879.

LES DÉPUTÉES, ARTHÉNICE, MADAME SORBIN, LINA, UNE FEMME QUI ARRIVE

LA FEMME. – Je me hâte[1] de venir rendre hommage à nos souveraines et de me ranger sous leurs lois.

ARTHÉNICE. – Embrassons-nous, mes amies. Notre serment mutuel vient de nous imposer de grands devoirs, et pour vous exciter à remplir les vôtres, je suis d'avis de vous retracer en ce moment une vive image de l'abaissement où nous avons langui[2] jusqu'à ce jour. Nous ne ferons en cela que nous conformer à l'usage de tous les chefs de parti.

MADAME SORBIN. – Cela s'appelle exhorter[3] son monde avant la bataille.

ARTHÉNICE. – Mais la décence veut que nous soyons assises, on en parle plus à son aise.

MADAME SORBIN. – Il y a des bancs là-bas, il n'y a qu'à les approcher. *(À Lina.)* Allons, petite fille, alerte[4].

LINA. – Je vois Persinet qui passe, il est plus fort que moi, et il m'aidera, si vous voulez.

UNE DES FEMMES. – Quoi ! Nous emploierions un homme ?

ARTHÉNICE. – Pourquoi non ? Que cet homme nous serve, j'en accepte l'augure[5].

MADAME SORBIN. – C'est bien dit. Dans l'occurrence présente[6], cela nous portera bonheur. *(À Lina.)* Appelez-nous ce domestique.

LINA, *appelle.* – Persinet ! Persinet !

1. **Je me hâte** : je me dépêche.
2. **Langui** : souffert.
3. **Exhorter** : encourager.
4. **Alerte** : dépêchez-vous.
5. **J'en accepte l'augure** : c'est prometteur.
6. **Dans l'occurrence présente** : dans la situation actuelle.

TOUS LES ACTEURS PRÉCÉDENTS, PERSINET

PERSINET, *accourt.* – Qu'y a-t-il, mon amour ?

LINA. – Aidez-moi à pousser ces bancs jusqu'ici.

PERSINET. – Avec plaisir, mais n'y touchez pas, vos petites mains sont trop délicates, laissez-moi faire.

Il avance les bancs, Arthénice et Madame Sorbin, après quelques civilités, s'assoient les premières. Persinet et Lina s'assoient tous deux au même bout.

ARTHÉNICE, *à Persinet.* – J'admire la liberté que vous prenez, petit garçon, ôtez-vous de là, on n'a plus besoin de vous.

MADAME SORBIN. – Votre service est fait, qu'on s'en aille[1].

LINA. – Il ne tient presque pas de place, ma mère, il n'a que la moitié de la mienne.

MADAME SORBIN. – À la porte, vous dit-on.

PERSINET. – Voilà qui est bien dur !

1. **Qu'on s'en aille** : allez-vous-en.

Pause lecture 4 Scènes VI, VII et VIII

Avez-vous bien lu ?

- Arthénice et madame Sorbin : ❑ ont été élues par les autres femmes.
  ❑ ont pris le pouvoir de force.
- Quels sont les accessoires nécessaires pour jouer ces scènes ? :
  ❑ des bracelets ❑ une tente ❑ un tambour ❑ des bancs

Au fil du texte

Scène VI

1. Avant cette scène et avant même le début de la pièce, que s'est-il passé lors de la première assemblée des femmes ?
2. Quel est le rôle des bracelets apportés sur scène ?
3. **Zoom sur les lignes 9 à 17**
   a. Commentez la réaction d'Arthénice. Qu'entend-elle par « ces marques » l. 11 ?
   b. Comment réagit madame Sorbin ? Qu'entend-elle par « deux parures » ? Quel est l'effet produit sur le spectateur ?
   c. Finalement, Arthénice et madame Sorbin acceptent-elles les bracelets ?
4. Quels sont les objectifs de cette nouvelle assemblée ?
5. Quels renseignements supplémentaires cette scène apporte-t-elle sur le personnage d'Arthénice ?

Scènes VII et VIII

6 Quelle « bataille » les femmes préparent-elles ?

7 Madame Sorbin veut établir la liberté pour les femmes. Qu'accepte-t-elle cependant au moment de transporter les bancs ? Commentez cette attitude.

Pour conclure

8 À quoi l'assemblée des femmes fait-elle penser dans l'organisation politique d'un pays ?

Vocabulaire L'expression de l'ordre

Dans la scène 8, relevez les différentes façons dont Arthénice et madame Sorbin donnent des ordres à Persinet.

a. Imaginez que Persinet ne sorte pas tout de suite de scène et réponde aux femmes en leur demandant de lui parler avec respect. Rédigez cette réplique.

b. Relisez votre réplique. Correspond-elle au personnage de Persinet ? Pourquoi ?

Mise en scène

Vous monterez ces trois scènes et vous les jouerez devant la classe.

a. Combien d'acteurs faut-il ? De quels accessoires aurez-vous besoin ? Lesquels sont notés dans le texte ? Lesquels pourriez-vous ajouter ?

b. Quelle disposition scénique choisiriez-vous ? Ajouteriez-vous des bruitages ? une musique ?

Scène IX

Actrice et oratrice

Très proche de l'acteur, l'orateur antique appuie les effets de son discours par des mimiques, des gestes et une prononciation étudiée. Dans l'Antiquité, les orateurs, avant de prononcer un discours, toussaient et crachaient. Ce geste ne doit pas être considéré comme choquant. Il s'agit d'une préparation physique.

LES FEMMES SUSDITES[1].

ARTHÉNICE, *après avoir toussé et craché.* – L'oppression[2] dans laquelle nous vivons sous nos tyrans, pour être si ancienne, n'en est pas devenue plus raisonnable. N'attendons pas que les hommes se corrigent d'eux-mêmes ; l'insuffisance de leurs lois a beau les punir de les avoir faites à leur tête[3] et sans nous, rien ne les ramène à la justice qu'ils nous doivent, ils ont oublié qu'ils nous la refusent.

MADAME SORBIN. – Aussi le monde va, il n'y a qu'à voir.

ARTHÉNICE. – Dans l'arrangement des affaires, il est décidé que nous n'avons pas le sens commun, mais tellement décidé que cela va tout seul, et que nous n'en appelons pas[4] nous-mêmes.

UNE DES FEMMES. – Hé ! que voulez-vous ? On nous crie dès le berceau : vous n'êtes capables de rien, ne vous mêlez de rien, vous n'êtes bonnes à rien qu'à être sages. On l'a dit à nos mères qui l'ont cru, qui nous le répètent ; on a les oreilles rebattues de ces mauvais propos. Nous sommes douces, la paresse s'en mêle, on nous mène comme des moutons.

MADAME SORBIN. – Oh ! pour moi, je ne suis qu'une femme, mais depuis que j'ai l'âge de raison, le mouton n'a jamais trouvé cela bon.

ARTHÉNICE. – Je ne suis qu'une femme, dit Madame Sorbin, cela est admirable !

MADAME SORBIN. – Cela vient encore de cette moutonnerie[5].

1. **Susdites** : présentes dans les scènes précédentes.
2. **L'oppression** : la domination.
3. **À leur tête** : à leur convenance.
4. **Nous n'en appelons pas** : nous ne protestons pas.
5. **Moutonnerie** : capacité à obéir comme un mouton.

ARTHÉNICE. – Il faut qu'il y ait en nous une défiance[6] bien louable de nos lumières[7] pour avoir adopté ce jargon-là[8]. Qu'on me trouve des hommes qui en disent autant d'eux ; cela les passe[9]. Revenons au vrai pourtant : vous n'êtes qu'une femme, dites-vous ? Hé ! que voulez-vous donc être pour être mieux ?

MADAME SORBIN. – Eh ! je m'y tiens, Mesdames, je m'y tiens, c'est nous qui avons le mieux, et je bénis le ciel de m'en avoir fait participante, il m'a comblé d'honneurs, et je lui en rends des grâces nonpareilles[10].

UNE DES FEMMES. – Hélas ! Cela est bien juste.

ARTHÉNICE. – Pénétrons-nous[11] donc un peu de ce que nous valons, non par orgueil, mais par reconnaissance.

LINA. – Ah ! si vous entendiez Persinet là-dessus, c'est lui qui est pénétré suivant nos mérites[12].

UNE DES FEMMES. – Persinet n'a que faire ici ; il est indécent de le citer.

MADAME SORBIN. – Paix, petite fille, point de langue ici, rien que des oreilles ; excusez, Mesdames. Poursuivez, la camarade.

ARTHÉNICE. – Examinons ce que nous sommes, et arrêtez-moi, si j'en dis trop. Qu'est-ce qu'une femme, seulement à la voir ? En vérité, ne dirait-on pas que les dieux en ont fait l'objet de leurs plus tendres complaisances[13] ?

UNE DES FEMMES. – Plus j'y rêve, et plus j'en suis convaincue.

UNE DES FEMMES. – Cela est incontestable.

UNE AUTRE FEMME. – Absolument incontestable.

6. **Une défiance** : une crainte.
7. **Nos lumières** : notre intelligence.
8. **Ce jargon-là** : ce langage-là.
9. **Cela les passe** : cela les dépasse.
10. **Nonpareilles** : mot démodé, déjà employé par Persinet à la scène IV.
11. **Pénétrons-nous** : persuadons-nous.
12. **Pénétré suivant nos mérites** : persuadé de nos mérites (langage populaire).
13. **Complaisances** : bienveillances, marques d'attention.

Le salon littéraire de la Marquise de Rambouillet, née Catherine de Vivonne,
gravure de 1858.

UNE AUTRE FEMME. – C'est un fait.

ARTHÉNICE. – Regardez-la, c'est le plaisir des yeux.

UNE FEMME. – Dites les délices.

ARTHÉNICE. – Souffrez[14] que j'achève.

UNE FEMME. – N'interrompons point.

UNE AUTRE FEMME. – Oui, écoutons.

UNE AUTRE FEMME. – Un peu de silence.

UNE AUTRE FEMME. – C'est notre chef qui parle.

UNE AUTRE FEMME. – Et qui parle bien.

LINA. – Pour moi, je ne dis mot.

MADAME SORBIN. – Se taira-t-on ? car cela m'impatiente !

ARTHÉNICE. – Je recommence : regardez-la, c'est le plaisir des yeux, les grâces et la beauté, déguisées sous toutes sortes de formes, se disputant à qui versera le plus de charmes sur son visage et sur sa figure. Eh ! qui est-ce qui peut définir le nombre et la variété de ces charmes ? Le sentiment les saisit, nos expressions n'y sauraient atteindre. *(Toutes les femmes se redressent ici. Arthénice continue.)* La femme a l'air noble, et cependant son air de douceur enchante. *(Les femmes ici prennent un air doux.)*

UNE FEMME. – Nous voilà.

MADAME SORBIN. – Chut !

ARTHÉNICE. – C'est une beauté fière, et pourtant une beauté mignarde[15]. Elle imprime un respect qu'on n'ose perdre, si elle ne s'en mêle. Elle inspire un amour qui ne saurait se taire.

14. **Souffrez** : permettez.
15. **Mignarde** : délicate.

Dire qu'elle est belle, qu'elle est aimable, ce n'est que commencer son portrait ; dire que sa beauté surprend, qu'elle occupe, qu'elle attendrit, qu'elle ravit, c'est dire, à peu près, ce qu'on en voit, ce n'est pas effleurer ce qu'on en pense.

MADAME SORBIN. – Et ce qui est encore incomparable, c'est de vivre avec toutes ces belles choses-là, comme si de rien n'était. Voilà le surprenant, mais ce que j'en dis n'est pas pour interrompre, paix !

ARTHÉNICE. – Venons à l'esprit, et voyez combien le nôtre a paru redoutable à nos tyrans. Jugez-en par les précautions qu'ils ont prises pour l'étouffer, pour nous empêcher d'en faire usage. C'est à filer, c'est à la quenouille[16], c'est à l'économie[17] de leur maison, c'est au misérable tracas d'un ménage, enfin c'est à faire des nœuds, que ces messieurs nous condamnent.

UNE FEMME. – Véritablement, cela crie vengeance.

ARTHÉNICE. – Ou bien, c'est à savoir prononcer sur des ajustements[18], c'est à les réjouir dans leurs soupers, c'est à leur inspirer d'agréables passions, c'est à régner dans la bagatelle[19], c'est à n'être nous-mêmes que la première de toutes les bagatelles. Voilà toutes les fonctions qu'ils nous laissent ici-bas ; à nous qui les avons polis[20], qui leur avons donné des mœurs, qui avons corrigé la férocité de leur âme, à nous, sans qui la terre ne serait qu'un séjour de sauvages qui ne mériteraient pas le nom d'hommes.

UNE DES FEMMES. – Ah ! les ingrats ! Allons, Mesdames, supprimons les soupers dès ce jour[21].

UNE AUTRE. – Et pour des passions, qu'ils en cherchent.

MADAME SORBIN. – En un mot comme en cent, qu'ils filent à leur tour.

16. **La quenouille** : instrument qui sert à filer la laine.
17. **L'économie** : l'organisation.
18. **Prononcer sur des ajustements** : donner son avis sur des tenues vestimentaires.
19. **La bagatelle** : le plaisir.
20. **Qui les avons polis** : qui leur avons donné de l'éducation.
21. **Les soupers** : réunions élégantes qui se tenaient chez les femmes du monde.

ARTHÉNICE. – Il est vrai qu'on nous traite de charmantes, que nous sommes des astres, qu'on nous distribue des teints de lis et de roses, qu'on nous chante dans les vers où le soleil insulté pâlit de honte à notre aspect, et, comme vous voyez, cela est considérable, et puis les transports[22], les extases, les désespoirs dont on nous régale, quand il nous plaît.

MADAME SORBIN. – Vraiment, c'est de la friandise qu'on donne à ces enfants.

UNE AUTRE FEMME. – Friandise, dont il y a plus de six mille ans que nous vivons.

ARTHÉNICE. – Et qu'en arrive-t-il ?[23] que par simplicité[24] nous nous entêtons du vil honneur de leur plaire et que nous nous amusons bonnement à être coquettes, car nous le sommes, il en faut convenir.

UNE FEMME. – Est-ce notre faute ? Nous n'avons que cela à faire.

ARTHÉNICE. – Sans doute, mais ce qu'il y a d'admirable, c'est que la supériorité de notre âme est si invincible, si opiniâtre[25], qu'elle résiste à tout ce que je dis là, c'est qu'elle éclate et perce encore à travers cet avilissement[26] où nous tombons. Nous sommes coquettes, d'accord, mais notre coquetterie même est un prodige.

UNE FEMME. – Oh ! tout ce qui part de nous est parfait.

ARTHÉNICE. – Quand je songe à tout le génie, toute la sagacité[27], toute l'intelligence que chacune de nous y met en se jouant[28], et que nous ne pouvons mettre que là, cela est immense. Il y entre plus de profondeur d'esprit qu'il n'en faudrait pour gouverner deux mondes comme le nôtre, et tant d'esprit est en pure perte.

22. **Les transports** : les émotions amoureuses.
23. **Qu'en arrive-t-il ?** : quelle est la conséquence ?
24. **Par simplicité** : par naïveté.
25. **Si opiniâtre** : si tenace.
26. **Avilissement** : abaissement
27. **La sagacité** : la finesse.
28. **En se jouant** : naturellement.

Demenico Tiepolo (1727-1804), *Le Monde nouveau* (détail), 1791,
fresque, museo del Settecento, Venise.

MADAME SORBIN, *en colère*. – Ce monde-ci n'y gagne rien. Voilà ce qu'il faut pleurer.

ARTHÉNICE. – Tant d'esprit n'aboutit qu'à renverser de petites cervelles qui ne sauraient le soutenir, et qu'à nous procurer de sots compliments, que leurs vices et leur démence[29], et non pas leur raison, nous prodiguent[30]. Leur raison ne nous a jamais dit que des injures.

MADAME SORBIN. – Allons, point de quartier[31]. Je fais vœu d'être laide, et notre première ordonnance sera que nous tâchions de l'être toutes. *(À Arthénice.)* N'est-ce pas, camarade ?

ARTHÉNICE. – J'y consens.

UNE DES FEMMES. – D'être laides ? Il me paraît à moi, que c'est prendre à gauche[32].

UNE AUTRE FEMME. – Je ne serai jamais de cet avis-là, non plus.

UNE AUTRE FEMME. – Eh ! mais qui est-ce qui pourrait en être ?[33] Quoi ! s'enlaidir exprès pour se venger des hommes ? Eh ! tout au contraire, embellissons-nous[34], s'il est possible, afin qu'ils nous regrettent davantage.

UNE AUTRE FEMME. – Oui, afin qu'ils soupirent plus que jamais à nos genoux, et qu'ils meurent de douleur de se voir rebutés[35]. Voilà ce qu'on appelle une indignation de bon sens, et vous êtes dans le faux, Madame Sorbin, tout à fait dans le faux.

MADAME SORBIN. – Ta, ta, ta, ta, je t'en réponds, embellissons-nous pour retomber. De vingt galants qui se meurent à nos genoux, il n'y en a quelquefois pas un qu'on ne réchappe[36], d'ordinaire on les sauve tous. Ces mourants-là nous gagnent trop[37], je connais bien notre humeur, et notre ordonnance

Arthénice et Catherine

Au XVIIe siècle, les femmes nobles tiennent des salons et réunissent autour d'elles les plus grands esprits, pour converser, jouer, débattre, comme au célèbre hôtel de Rambouillet. Y participent La Rochefoucauld, Richelieu, mesdames de La Fayette et Sévigné, Corneille. Mme de Rambouillet, prénommée Catherine, se faisait appeler par l'anagramme de son prénom, Arthénice.

29. **Démence** : folie.
30. **Nous prodiguent** : nous donnent.
31. **Point de quartier** : pas d'indulgence.
32. **Prendre à gauche** : faire fausse route.
33. **Qui est-ce qui pourrait en être ?** : qui serait d'accord ?
34. **Embellissons-nous** : faisons-nous belles.
35. **Rebutés** : rejetés.
36. **Qu'on ne réchappe** : qu'on ne tire d'un danger.
37. **Nous gagnent trop** : profitent trop de nous.

tiendra ; on se rendra laide. Au surplus ce ne sera pas si grand dommage[38], Mesdames, et vous n'y perdrez pas plus que moi.

UNE FEMME. – Oh ! doucement, cela vous plaît à dire, vous ne jouez pas gros jeu, vous ; votre affaire est bien avancée[39].

UNE AUTRE. – Il n'est pas étonnant que vous fassiez si bon marché de vos grâces.

UNE AUTRE. – On ne vous prendra jamais pour un astre.

LINA. – Tredame[40], ni vous non plus pour une étoile.

UNE FEMME. – Tenez, ce petit étourneau, avec son caquet.

MADAME SORBIN. – Ah ! pardi, me voilà bien ébahie[41]. Eh ! dites donc, vous autres pimbêches[42], est-ce que vous croyez être jolies ?

UNE AUTRE. – Eh ! mais, si nous vous ressemblons, qu'est-il besoin de s'enlaidir ? Par où s'y prendre ?

UNE AUTRE. – Il est vrai que la Sorbin en parle bien à son aise.

MADAME SORBIN. – Comment donc, la Sorbin ? M'appeler la Sorbin ?

LINA. – Ma mère, une Sorbin !

MADAME SORBIN. – Qui est-ce qui sera donc madame ici ; me perdre le respect de cette manière ?

ARTHÉNICE, *à l'autre femme.* Vous avez tort, ma bonne, et je trouve le projet de Madame Sorbin très sage.

UNE FEMME. – Ah ! je le crois ; vous n'y avez pas plus d'intérêt qu'elle.

ARTHÉNICE. – Qu'est-ce que cela signifie ? M'attaquer moi-même ?

38. **Dommage** : malheur.
39. **Votre affaire est bien avancée** : vous êtes déjà laide.
40. **Trédame** : juron féminin, contraction de « Notre-Dame »
41. **Ébahie** : stupéfaite, très surprise.
42. **Pimbêches** : prétentieuses.

MADAME SORBIN. – Mais voyez ces guenons, avec leur vision de beauté. Oui, Madame Arthénice et moi, qui valons mieux que vous, voulons, ordonnons et prétendons qu'on s'habille mal, qu'on se coiffe de travers, et qu'on se noircisse le visage au soleil.

ARTHÉNICE. – Et pour contenter ces femmes-ci, notre édit n'exceptera qu'elles, il leur sera permis de s'embellir, si elles le peuvent.

MADAME SORBIN. – Ah ! que c'est bien dit. Oui, gardez tous vos affiquets[43], corsets, rubans, avec vos mines et vos simagrées[44] qui font rire, avec vos petites mules[45] ou pantoufles, où l'on écrase un pied qui n'y saurait loger, et qu'on veut rendre mignon en dépit de sa taille. Parez-vous, parez-vous, il n'y a pas de conséquence.

UNE DES FEMMES. – Juste ciel ! Qu'elle est grossière ! N'a-t-on pas fait là un beau choix ?

ARTHÉNICE. – Retirez-vous ; vos serments vous lient, obéissez ; je romps la séance.

UNE DES FEMMES. – Obéissez ? Voilà de grands airs.

UNE DES FEMMES. – Il n'y a qu'à se plaindre, il faut crier.

TOUTES LES FEMMES. – Oui, crions, crions, représentons[46].

MADAME SORBIN. – J'avoue que les poings me démangent.

ARTHÉNICE. – Retirez-vous, vous dis-je, ou je vous ferai mettre aux arrêts[47].

UNE DES FEMMES, *en s'en allant avec les autres.* – C'est votre faute, Mesdames, je ne voulais ni de cette artisane, ni de cette princesse, je n'en voulais pas, mais l'on ne m'a pas écoutée.

Le teint des femmes

Jusqu'au XXe siècle, avoir la peau bronzée était très mal vu car cela révélait le travail dans les champs, donc une condition sociale inférieure. Les femmes cherchaient à garder leur teint le plus pâle possible et se protégeaient du soleil par des ombrelles, des chapeaux.

43. **Vos affiquets** : vos bijoux.
44. **Vos simagrées** : vos manières.
45. **Vos mules** : chaussures d'intérieur laissant le talon découvert.
46. **Représentons** : donnons-le à entendre.
47. **Aux arrêts** : en prison.

François Boucher (1703-1770), *La Marchande de mode*, 1746,
huile sur toile (64x33), Nationalmuseum, Stockholm.

Pause lecture 5

Avez-vous bien lu ?

- Le personnage qui mène l'argumentation est :
  ❑ madame Sorbin. ❑ Arthénice.
- Arthénice rappelle aux femmes : ❑ leurs faiblesses. ❑ leurs qualités.
- Madame Sorbin propose que les femmes s'embellissent pour susciter la jalousie des hommes. ❑ Vrai ❑ Faux

Au fil du texte

1. Des lignes 1 à 11, quelle réaction Arthénice veut-elle obtenir des femmes à qui elle s'adresse ?
2. À partir de la ligne 43, quel sentiment souhaite-t-elle susciter ?
3. Commentez les réactions des femmes des lignes 52 à 58. Quel est l'effet produit sur le spectateur ?
4. Quel jeu de scène est mentionné dans la didascalie l. 68 ?
5. Quelle autre qualité Arthénice met-elle en relief à partir de la ligne 82 ? Trouvez un synonyme du mot « esprit » ici. Selon Arthénice, les femmes mettent-elles pleinement à profit leur « esprit » ?
6. À partir de quand la scène bascule-t-elle ? En quoi l'écriture met-elle en relief cette transformation ? Commentez la longueur des répliques, leur rythme, les mots utilisés.
7. Pour quelles raisons les femmes commencent-elles à se disputer ?
8. Quel rôle tient madame Sorbin dans cette scène ?

Pour conclure

9 Comment Arthénice explique-t-elle la soumission des femmes aux hommes ?

10 Relevez quelques effets comiques : comique de mots, de situation, de caractère.

Vocabulaire Champs lexicaux

a. Relevez dans cette scène le champ lexical de la coquetterie.

b. Un autre champ lexical vient s'opposer à la coquetterie, celui de la bêtise. Relevez-le.

c. Pourquoi Arthénice rapproche-t-elle ces deux champs lexicaux ? Relisez le passage des lignes 118 à 137.

Débat

Et vous, que pensez-vous de la coquetterie féminine ? Est-elle une force ou une faiblesse pour se faire respecter des hommes ?

Cherchez dans les journaux des récits de victoires (sportives ou autres) remportées par des hommes et par des femmes. Les critères esthétiques entrent-ils en considération dans les articles consacrés aux hommes ? Sont-ils mentionnés lorsqu'on parle des femmes ?

Écriture

Arthénice sort de scène, rencontre une amie arrivée en retard à l'assemblée des femmes. Elle lui raconte ce qui vient de se passer. Rédigez ce récit en respectant la structure et l'évolution de la scène.

ARTHÉNICE, MADAME SORBIN, LINA

LINA. – Hélas ! ma mère, pour apaiser tout, laissez-nous garder nos mules et nos corsets.

MADAME SORBIN. – Tais-toi, je t'habillerai d'un sac si tu me raisonnes.

ARTHÉNICE. – Modérons-nous, ce sont des folles ; nous avons une ordonnance[1] à faire, allons la tenir prête.

MADAME SORBIN. – Partons. *(à Lina)* Et toi, attends ici que les hommes sortent de leur Conseil, ne t'avise pas de parler à Persinet s'il venait, au moins. Me le promets-tu ?

LINA. – Mais… oui, ma mère.

MADAME SORBIN. – Et viens nous avertir dès que des hommes paraîtront, tout aussitôt.

1. **Ordonnance** : loi.

Illustration de souliers, bas et jarretières, estampe, « Journal de la mode », 1790, BnF.

Scène XI

LINA, *UN MOMENT SEULE* ; PERSINET

LINA. – Quel train ![1] Quel désordre ! Quand me mariera-t-on à cette heure ? Je n'en sais plus rien.

PERSINET. – Eh bien, Lina, ma chère Lina, contez-moi mon désastre ; d'où vient que Madame Sorbin me chasse ? J'en suis encore tout tremblant, je n'en puis plus, je me meurs.

LINA. – Hélas ! ce cher petit homme, si je pouvais lui parler dans son affliction[2].

PERSINET. – Eh bien ! vous le pouvez, je ne suis pas ailleurs.

LINA. – Mais on me l'a défendu, on ne veut pas seulement que je le regarde, et je suis sûre qu'on m'épie[3].

PERSINET. – Quoi ! me retrancher[4] vos yeux ?

LINA. – Il est vrai qu'il peut me parler, lui, on ne m'a pas ordonné de l'en empêcher.

PERSINET. – Lina, ma Lina, pourquoi me mettez-vous à une lieue[5] d'ici ? Si vous n'avez pas compassion[6] de moi, je n'ai pas longtemps à vivre. Il me faut même actuellement un coup d'œil pour me soutenir.

LINA. – Si pourtant, dans l'occurrence[7], il n'y avait qu'un regard qui pût sauver mon Persinet, oh ! ma mère aurait beau dire, je ne le laisserais pas mourir.

Elle le regarde.

1. **Quel train !** : quel mouvement !
2. **Son affliction** : sa douleur.
3. **Qu'on m'épie** : qu'on me surveille.
4. **Me retrancher vos yeux** : m'interdire de vous voir.
5. **À une lieue d'ici** : si loin d'ici.
6. **Compassion** : pitié.
7. **Dans l'occurrence** : dans cette situation.

Persinet. – Ah ! le bon remède ! je sens qu'il me rend la vie. Répétez, m'amour, encore un tour de prunelle[8] pour me remettre tout à fait.

Lina. – Et s'il ne suffisait pas d'un regard, je lui en donnerais deux, trois, tant qu'il faudrait.

Elle le regarde.

Persinet. – Ah ! me voilà un peu revenu[9]. Dites-moi le reste à présent, mais parlez-moi de plus près et non pas en mon absence.

Lina. – Persinet ne sait pas que nous sommes révoltées.

Persinet. – Révoltées contre moi ?

Lina. – Et que ce sont les affaires d'État qui nous sont contraires.

Persinet. – Eh ! de quoi se mêlent-elles ?

Lina. – Et que les femmes ont résolu de gouverner le monde et de faire des lois.

Persinet. – Est-ce moi qui les en empêche ?

Lina. – Il ne sait pas qu'il va tout à l'heure nous être enjoint[10] de rompre avec les hommes.

Persinet. – Mais non pas avec les garçons[11] ?

Lina. – Qu'il sera enjoint[12] d'être laides et mal faites avec eux, de peur qu'ils n'aient du plaisir à nous voir, et le tout par le moyen d'un placard[13] au son de la trompe.

Persinet. – Et moi je défie toutes les trompes et tous les placards du monde de vous empêcher d'être jolie.

8. **Un tour de prunelle** : un petit regard.
9. **Revenu** : mieux.
10. **Nous être enjoint** : nous être ordonné.
11. **Les garçons** : les célibataires.
12. **Enjoint** : ordonné.
13. **Un placard** : une affiche du texte de loi.

La mode au XVIIIe siècle

Sous leur robe, les dames nobles portaient des corsets pour rétrécir leur taille et des jupons avec des paniers. L'ampleur de certaines robes pouvait atteindre 4 mètres. Jusqu'en 1720 la mode est à la coiffe Fontange, un très haut bonnet garni de rubans, de fleurs, de plumes, de mousseline et de bijoux.

LINA. – De sorte que je n'aurai plus ni mules, ni corset, que ma coiffure ira de travers et que je serai peut-être habillée d'un sac. Voyez à quoi je ressemblerai.

PERSINET. – Toujours à vous, mon petit cœur.

LINA. – Mais voilà les hommes qui sortent, je m'enfuis pour avertir ma mère. Ah ! Persinet ! Persinet ! *(Elle fuit.)*

PERSINET. – Attendez donc, j'y suis. Ah ! maudites lois, faisons ma plainte à ces messieurs.

François Boucher (1703-1770), *De trois choses en ferez-vous une ?*, 1734, huile sur toile (105 × 85), Villa et jardins Ephrussi de Rothschild, Saint-Jean-Cap-Ferrat.

Scène XII

MONSIEUR SORBIN, HERMOCRATE, TIMAGÈNE, UN AUTRE HOMME, PERSINET

HERMOCRATE. – Non, seigneur Timagène, nous ne pouvons pas mieux choisir. Le peuple n'a pas hésité sur Monsieur Sorbin, le reste des citoyens n'a eu qu'une voix pour vous, et nous sommes en de bonnes mains.

PERSINET. – Messieurs, permettez l'importunité[1] : je viens à vous, Monsieur Sorbin. Les affaires d'État me coupent la gorge, je suis abîmé[2] ; vous croyez que vous aurez un gendre et c'est ce qui vous trompe. Madame Sorbin m'a cassé[3] tout net jusqu'à la paix. On vous casse aussi, on ne veut plus des personnes de notre étoffe, toute face d'homme est bannie[4]. On va nous retrancher à son de trompe, et je vous demande votre protection contre un tumulte.

MONSIEUR SORBIN. – Que voulez-vous dire, mon fils ? Qu'est-ce que c'est qu'un tumulte ?

PERSINET. – C'est une émeute, une ligue[5], un tintamarre, un charivari sur le gouvernement du royaume. Vous saurez que les femmes se sont mises tout en un tas[6] pour être laides, elles vont quitter les pantoufles, on parle même de changer de robes, de se vêtir d'un sac, et de porter les cornettes[7] de côté pour nous déplaire. J'ai vu préparer un grand colloque[8], j'ai moi-même approché les bancs pour la commodité de la conversation. Je voulais m'y asseoir, on m'a chassé comme un gredin[9]. Le monde va périr, et le tout à cause de vos lois, que ces braves dames veulent faire en communauté avec vous, et dont je vous

1. **Permettez l'importunité** : excusez-moi de vous déranger.
2. **Abîmé** : perdu.
3. **M'a cassé** : m'a renvoyé.
4. **Bannie** : interdite.
5. **Une ligue** : une alliance.
6. **Tout en un tas** : toutes ensemble.
7. **Les cornettes** : les coiffes de femme.
8. **Un colloque** : une réunion.
9. **Un gredin** : un voyou.

conseille de leur céder la moitié de la façon[10], comme cela est juste.

TIMAGÈNE. – Ce qu'il nous dit est-il possible ?

PERSINET. – Qu'est-ce que c'est que des lois ? Voilà une belle bagatelle[11] en comparaison de la tendresse des dames !

HERMOCRATE. – Retirez-vous, jeune homme.

PERSINET. – Quel vertigo[12] prend-il donc à tout le monde ? De quelque côté que j'aille, on me dit partout : va-t'en ; je n'y comprends rien.

MONSIEUR SORBIN. – Voilà donc ce qu'elles voulaient dire tantôt ?

TIMAGÈNE. – Vous le voyez.

HERMOCRATE. – Heureusement, l'aventure est plus comique que dangereuse.

UN AUTRE HOMME. – Sans doute.

MONSIEUR SORBIN. – Ma femme est têtue, et je gage[13] qu'elle a tout ameuté[14], mais attendez-moi là. Je vais voir ce que c'est, et je mettrai bon ordre à cette folie-là ; quand j'aurai pris mon ton de maître, je vous fermerai le bec à cela. Ne vous écartez pas, Messieurs. *(Il sort par un côté.)*

TIMAGÈNE. – Ce qui me surprend, c'est qu'Arthénice se soit mise de la partie[15].

Hermocrate

Le suffixe *-crate* vient du grec *Kratos* qui signifie « le pouvoir, la puissance ». Hermocrate porte le pouvoir en lui. *Hermo* renvoyant à Hermès, il serait doué du pouvoir d'Hermès, le messager des dieux dans la mythologie grecque.

10. **De la façon** : de l'élaboration.
11. **Une bagatelle** : un rien.
12. **Quel vertigo** : quelle fantaisie.
13. **Gage** : parie.
14. **Ameuté** : appelé à la révolte.
15. **Mise de la partie** : impliquée dans cette affaire.

Antoine Watteau (1684-1721), *Portrait d'un gentilhomme*, (1715-20), huile sur toile (130 × 97), Musée du Louvre, Paris.

Avez-vous bien lu ?

- Lina obéit à sa mère et refuse de parler à Persinet. ❑ Vrai ❑ Faux
- Les hommes s'inquiètent des revendications féminines. ❑ Vrai ❑ Faux

Au fil du texte

Scène X

1. Relisez les répliques adressées par madame Sorbin à sa fille. Quel est le mode verbal dominant ? Que demande-t-elle à Lina ?
2. Expliquez les points de suspension à la ligne 10.

Scène XI

3. Pourquoi Lina parle-t-elle de Persinet à la 3e personne du singulier alors qu'il est devant elle ?
4. Quel jeu de scène est indiqué dans la réplique de Persinet : « pourquoi me mettez-vous à une lieue d'ici ? » (l. 14-15) ?
5. Quels termes employés par Persinet pourrait-on retrouver dans une tragédie classique ? Pour autant, ce personnage a-t-il l'étoffe d'un héros tragique ? Pourquoi ?
6. En définitive, Lina obéit-elle à sa mère ? Quelle ruse emploie-t-elle ?
7. Comment la jeune fille résume-t-elle la situation ? A-t-elle bien compris les enjeux de la lutte des femmes ? Quel est l'effet sur le spectateur ?

Scène XII

8 Zoom sur les lignes 15 à 29

a. Persinet parle longtemps. Comment appelle-t-on une longue réplique au théâtre ?

b. Qu'annonce Persinet aux hommes assemblés ?

c. Relevez certains passages ou des expressions comiques. Sur quoi le comique repose-t-il ?

d. Relevez des propos tenus par Persinet, tout à fait raisonnables, qui pourraient être ceux de Marivaux lui-même.

9 Quelle solution propose Persinet ? Pourquoi l'a-t-il choisie ?

Pour conclure

10 Qui fait obstacle à l'amour de Lina et Persinet ? Par rapport au schéma traditionnel des comédies classiques, en quoi peut-on parler d'une inversion des rôles ? Quel est l'effet produit par cette inversion ?

Vocabulaire Des noms d'oiseaux

Monsieur Sorbin aime bien les expressions imagées, comme « *je vous fermerai le bec* » (l. 43), scène XII.

Complétez les expressions suivantes de noms d'oiseaux :

– être bavarde comme...
– être gai comme...
– être fier comme...
– être innocent comme une... blanche

TIMAGÈNE, HERMOCRATE, L'AUTRE HOMME, PERSINET, ARTHÉNICE, MADAME SORBIN, UNE FEMME AVEC UN TAMBOUR, ET LINA, TENANT UNE AFFICHE

ARTHÉNICE. – Messieurs, daignez répondre à notre question : vous allez faire des règlements pour la république, n'y travaillerons-nous pas de concert[1] ? À quoi nous destinez-vous là-dessus[2] ?

HERMOCRATE. – À rien, comme à l'ordinaire.

UN AUTRE HOMME. – C'est-à-dire à vous marier quand vous serez filles, à obéir à vos maris quand vous serez femmes, et à veiller sur votre maison : on ne saurait vous ôter cela, c'est votre lot[3].

MADAME SORBIN. – Est-ce là votre dernier mot ? Battez tambour. *(À Lina)* Et vous, allez afficher l'ordonnance[4] à cet arbre. *(On bat le tambour et Lina affiche.)*

HERMOCRATE. – Mais, qu'est-ce que c'est que cette mauvaise plaisanterie-là ? Parlez-leur donc, seigneur Timagène, sachez de quoi il est question.

TIMAGÈNE. – Voulez-vous bien vous expliquer, Madame ?

MADAME SORBIN. – Lisez l'affiche, l'explication y est.

ARTHÉNICE. – Elle vous apprendra que nous voulons nous mêler de tout, être associées à tout, exercer avec vous tous les emplois, ceux de finance, de judicature[5] et d'épée[6].

HERMOCRATE. – D'épée, Madame ?

1. **De concert** : tous ensemble.
2. **À quoi nous destinez-vous là-dessus ?** : quel sera notre rôle ?
3. **Votre lot** : votre destin.
4. **L'ordonnance** : le texte de loi.
5. **De judicature** : de justice.
6. **D'épée** : de l'armée.

ARTHÉNICE. – Oui d'épée, Monsieur. Sachez que jusqu'ici nous n'avons été poltronnes[7] que par éducation.

MADAME SORBIN. – Mort de ma vie[8] ! Qu'on nous donne des armes, nous serons plus méchantes que vous. Je veux que dans un mois, nous maniions le pistolet comme un éventail : je tirai ces jours passés sur un perroquet, moi qui vous parle.

ARTHÉNICE. – Il n'y a que de l'habitude à tout.

MADAME SORBIN. – De même qu'au Palais à tenir l'audience, à être Présidente, Conseillère, Intendante, Capitaine ou Avocate.

UN HOMME. – Des femmes avocates ?

MADAME SORBIN. – Tenez donc, c'est que nous n'avons pas la langue assez bien pendue[9], n'est-ce pas ?

ARTHÉNICE. – Je pense qu'on ne nous disputera pas le don de la parole.

HERMOCRATE. – Vous n'y songez pas, la gravité de la magistrature et la décence du barreau ne s'accorderaient jamais avec un bonnet carré[10] sur une cornette…

ARTHÉNICE. – Et qu'est-ce que c'est qu'un bonnet carré, Messieurs ? Qu'a-t-il de plus important qu'une autre coiffure ? D'ailleurs, il n'est pas de notre bail[11] non plus que votre Code. Jusqu'ici c'est votre justice et non pas la nôtre ; justice qui va comme il plaît à nos beaux yeux, quand ils veulent s'en donner la peine, et si nous avons part à l'institution des lois, nous verrons ce que nous ferons de cette justice-là, aussi bien que du bonnet carré, qui pourrait bien devenir octogone si on nous fâche. La veuve ni l'orphelin n'y perdront rien.

7. **Poltronnes** : peureuses.
8. **Mort de ma vie** : juron.
9. **Nous n'avons pas la langue assez bien pendue** : nous ne sommes pas assez bavardes.
10. **Le bonnet carré** : coiffure des juges.
11. **Il n'est pas de notre bail** : nous ne nous sentons pas concernées.

François Boucher (1703-1770), illustration pour *Le Bourgeois gentilhomme*, BnF.

Les hommes coiffés

Dans les comédies, les maris trompés par leurs femmes sont dits cornus, c'est-à-dire coiffés de cornes. Molière utilise souvent cette image dans ses pièces.

UN HOMME. – Et ce ne sera pas la seule coiffure que nous tiendrons de vous…

MADAME SORBIN. – Ah ! la belle pointe d'esprit. Mais finalement, il n'y a rien à rabattre[12], sinon lisez notre édit, votre congé[13] est au bas de la page.

HERMOCRATE. – Seigneur Timagène, donnez vos ordres, et délivrez-nous de ces criailleries.

TIMAGÈNE. – Madame…

ARTHÉNICE. – Monsieur, je n'ai plus qu'un mot à dire, profitez-en. Il n'y a point de nation qui ne se plaigne des défauts de son gouvernement. D'où viennent-ils, ces défauts ? C'est que notre esprit manque à la terre dans l'institution de ses lois, c'est que vous ne faites rien de la moitié de l'esprit humain que nous avons, et que vous n'employez jamais que la vôtre, qui est la plus faible.

MADAME SORBIN. – Voilà ce que c'est, faute d'étoffe l'habit est trop court.

ARTHÉNICE. – C'est que le mariage qui se fait entre les hommes et nous devrait aussi se faire entre leurs pensées et les nôtres. C'était l'intention des dieux, elle n'est pas remplie, et voilà la source de l'imperfection des lois ; l'univers en est la victime et nous le servons en vous résistant. J'ai dit. Il serait inutile de me répondre, prenez votre parti[14], nous vous donnons encore une heure, après quoi la séparation est sans retour, si vous ne vous rendez pas. Suivez-moi, Madame Sorbin, sortons.

MADAME SORBIN, *en sortant*. – Notre part d'esprit salue la vôtre.

12. **Rabattre** : discuter.
13. **Votre congé** : votre renvoi.
14. **Prenez votre parti** : décidez.

Avez-vous bien lu ?

- C'est Arthénice qui affiche l'ordonnance à l'arbre. ❑ Vrai ❑ Faux
- Les femmes préfèrent le bonnet carré à la cornette. ❑ Vrai ❑ Faux

Au fil du texte

1. Quels droits les hommes reconnaissent-ils aux femmes ?
2. Que revendiquent les femmes ? Quels métiers souhaitent-elles exercer ?
3. **Zoom sur les lignes 18 à 20**
   a. Quel mot revient plusieurs fois dans cette réplique ?
   b. Pourquoi est-il important ? Que demande Arthénice ?
4. Madame Sorbin pense qu'elle est capable de manier des armes. Comment le prouve-t-elle ? Quel est l'effet produit ?
5. Pour montrer que les femmes pourraient exercer des métiers dans la justice, quel est l'argument de madame Sorbin ? et celui d'Arthénice ? Quel est le plus pertinent ?
6. Quelles sont les réactions des hommes ? Appuyez-vous sur le texte pour répondre.
7. Reportez-vous à la signification du nom Hermocrate (voir encart p. 61) et relisez ses répliques. Que pensez-vous de son rôle dans cette scène ?
8. En quoi peut-on dire que les femmes mènent déjà la guerre par les mots ? Relevez des marques d'agressivité.

Pour conclure

9 Qu'apporte le personnage de madame Sorbin à la scène ?

10 Quel est le personnage le plus convaincant ? Pourquoi ?

Vocabulaire Registres de langue

Lisez les répliques d'Arthénice et de madame Sorbin, des lignes 56 à 64.

a. Montrez que leur parlure (voir encart p. 21) est très différente (vocabulaire abstrait/concret, construction des phrases, ton).

b. Que reflète cette différence ? Quel est l'effet sur le spectateur ?

Écriture

Vous êtes une descendante d'Arthénice. Vous écrivez à votre aïeule pour lui dire que ses revendications ont été entendues et qu'aujourd'hui les femmes en France et en Europe, ont accès à tous les métiers.

Vous mentionnerez des noms de femmes célèbres qui ont occupé ou occupent encore des postes importants dans des domaines variés.

Recherches

Faites des recherches pour savoir quand et comment les femmes ont obtenu le droit de vote en France et en Angleterre.

MONSIEUR SORBIN RENTRE QUAND ELLES SORTENT ; TOUS LES ACTEURS PRÉCÉDENTS, PERSINET

MONSIEUR SORBIN, *arrêtant Madame Sorbin.* – Ah ! je vous trouve donc, Madame Sorbin, je vous cherchais.

ARTHÉNICE. – Finissez avec lui, je vous reviens prendre dans le moment.

MONSIEUR SORBIN, *à Madame Sorbin.* – Vraiment, je suis très charmé de vous voir, et vos déportements[1] sont tout à fait divertissants.

MADAME SORBIN. – Oui, vous font-ils plaisir, Monsieur Sorbin ? Tant mieux, je n'en suis encore qu'au préambule[2].

MONSIEUR SORBIN. – Vous avez dit à ce garçon que vous ne prétendiez plus fréquenter les gens de son étoffe. Apprenez-nous un peu la raison que vous entendez[3] par là.

MADAME SORBIN. – Oui-da, j'entends tout ce qui vous ressemble, Monsieur Sorbin.

MONSIEUR SORBIN. – Comment dites-vous cela, Madame la cornette[4] ?

MADAME SORBIN. – Comme je le pense et comme cela tiendra, Monsieur le chapeau.

TIMAGÈNE. – Doucement, Madame Sorbin. Sied-il[5] bien à une femme aussi sensée[6] que vous l'êtes de perdre jusque-là les égards[7] qu'elle doit à son mari ?

1. **Déportements** : manières d'agir.
2. **Au préambule** : au début.
3. **Vous entendez** : vous voulez dire.
4. **Cornette** : coiffe de femme.
5. **Sied-il** : convient-il.
6. **Sensée** : raisonnable.
7. **Les égards** : les politesses.

MADAME SORBIN. – À l'autre, avec son jargon d'homme ! C'est justement parce que je suis sensée que cela se passe ainsi. Vous dites que je lui dois, mais il me doit de même ; quand il me paiera, je le paierai, c'est de quoi je venais l'accuser exprès.

PERSINET. – Eh bien, payez, Monsieur Sorbin, payez, payons tous.

MONSIEUR SORBIN. – Cette effrontée !

HERMOCRATE. – Vous voyez bien que cette entreprise ne saurait[8] se soutenir.

MADAME SORBIN. – Le courage nous manquera peut-être ? Oh ! que nenni[9], nos mesures sont prises, tout est résolu[10], nos paquets sont faits.

TIMAGÈNE. – Mais où irez-vous ?

MADAME SORBIN. – Toujours tout droit.

TIMAGÈNE. – De quoi vivrez-vous ?

MADAME SORBIN. – De fruits, d'herbes, de racines, de coquillages, de rien. S'il le faut, nous pêcherons, nous chasserons, nous redeviendrons sauvages, et notre vie finira avec honneur et gloire, et non pas dans l'humilité[11] ridicule où l'on veut tenir des personnes de notre excellence.

PERSINET. – Et qui font le sujet de mon admiration.

HERMOCRATE. – Cela va jusqu'à la fureur. *(À Monsieur Sorbin.)* Répondez-lui donc.

MONSIEUR SORBIN. – Que voulez-vous ? C'est une rage que cela, mais revenons au bon sens. Savez-vous, Madame Sorbin, de quel bois je me chauffe[12] ?

8. **Ne saurait se soutenir** : ne peut se réaliser.
9. **Que nenni** : pas du tout.
10. **Résolu** : décidé.
11. **Humilité** : abaissement.
12. **De quel bois je me chauffe** : comment je peux m'échauffer, me mettre en colère.

Madame Sorbin. – Eh là ! Le pauvre homme avec son bois, c'est bien à lui parler de cela. Quel radotage !

Monsieur Sorbin. – Du radotage ! À qui parlez-vous, s'il vous plaît ? Ne suis-je pas l'élu du peuple ? Ne suis-je pas votre mari, votre maître, et le chef de la famille ?

Madame Sorbin. – Vous êtes, vous êtes… Est-ce que vous croyez me faire trembler avec le catalogue de vos qualités que je sais mieux que vous ? Je vous conseille de crier gare[13]. Tenez, ne dirait-on pas qu'il est juché sur l'arc-en-ciel ? Vous êtes l'élu des hommes, et moi l'élue des femmes ; vous êtes mon mari, je suis votre femme ; vous êtes le maître, et moi la maîtresse. À l'égard du chef de famille, allons bellement[14], il y a deux chefs ici, vous êtes l'un, et moi l'autre, partant quitte à quitte[15].

Persinet. – Elle parle d'or[16], en vérité.

Monsieur Sorbin. – Cependant, le respect d'une femme…

Madame Sorbin. – Cependant le respect est un sot. Finissons, Monsieur Sorbin, qui êtes élu, mari, maître et chef de famille. Tout cela est bel et bon, mais écoutez-moi pour la dernière fois, cela vaut mieux. Nous disons que le monde est une ferme, les dieux là-haut en sont les seigneurs, et vous autres hommes, depuis que la vie dure, en avez toujours été les fermiers tout seuls, et cela n'est pas juste. Rendez-nous notre part de la ferme. Gouvernez, gouvernons ; obéissez, obéissons ; partageons le profit et la perte ; soyons maîtres et valets en commun ; faites ceci, ma femme ; faites ceci, mon homme. Voilà comme il faut dire, voilà le moule où il faut jeter les lois, nous le voulons, nous le prétendons, nous y sommes butées[17]. Ne le voulez-vous pas ? Je vous annonce, et vous signifie en ce

L'utopie

Le mot vient de l'île imaginée par Thomas More en 1516 dans *Utopia*. En grec, le préfixe *u* signifie « non » et *topos*, « le lieu ». Une utopie est un lieu imaginaire. Sur Utopia, tous les hommes sont égaux, tout est fait pour le plaisir des habitants qui vivent en harmonie avec la nature. Il s'agit d'imaginer un bonheur idéal sur terre. L'utopie est un genre très à la mode au XVIIIe siècle.

13. **Crier gare** : faire attention.
14. **Bellement** : doucement.
15. **Partant quitte à quitte** : à égalité.
16. **D'or** : magnifiquement.
17. **Butées** : décidées.

cas, que votre femme, qui vous aime, que vous devez aimer, qui est votre compagne, votre bonne amie et non pas votre petite servante, à moins que vous ne soyez son petit serviteur, je vous signifie que vous ne l'avez plus, qu'elle vous quitte, qu'elle rompt ménage et vous remet la clef du logis. J'ai parlé pour moi ; ma fille, que je vois là-bas et que je vais appeler, va parler pour elle. Allons, Lina, approchez, j'ai fait mon office[18], faites le vôtre, dites votre avis sur les affaires du temps[19].

18. **Mon office** : mon devoir.
19. **Les affaires du temps** : la situation.

William Hogarth (1697-1764), *Le Contrat de mariage*, 1745, National Gallery, Londres.

LES HOMMES ET LES FEMMES SUSDITS, PERSINET, LINA

LINA. – Ma chère mère, mon avis…

TIMAGÈNE. – La pauvre enfant tremble de ce que vous lui faites faire.

MADAME SORBIN. – Vous en dites la raison, c'est que ce n'est qu'une enfant : courage, ma fille, prononcez bien et parlez haut.

LINA. – Ma chère mère, mon avis, c'est, comme vous l'avez dit, que nous soyons dames et maîtresses par égale portion avec ces messieurs ; que nous travaillions comme eux à la fabrique des lois, et puis qu'on tire, comme on dit, à la courte paille pour savoir qui de nous sera roi ou reine ; sinon, que chacun s'en aille de son côté, nous à droite, eux à gauche, du mieux qu'on pourra. Est-ce là tout, ma mère ?

MADAME SORBIN. – Vous oubliez l'article[1] de l'amant ?

LINA. – C'est que c'est le plus difficile à retenir. Votre avis est encore que l'amour n'est plus qu'un sot.

MADAME SORBIN. – Ce n'est pas mon avis qu'on vous demande, c'est le vôtre.

LINA. – Hélas ! le mien serait d'emmener mon amant et son amour avec nous.

PERSINET. – Voyez la bonté de cœur, le beau naturel pour l'amour.

LINA. – Oui, mais on m'a commandé de vous déclarer un adieu dont on ne verra ni le bout ni la fin.

PERSINET. – Miséricorde !

MONSIEUR SORBIN. – Que le ciel nous assiste ! En bonne foi, est-ce là un régime de vie, notre femme ?

MADAME SORBIN. – Allons, Lina, faites la dernière révérence à Monsieur Sorbin, que nous ne connaissons plus, et retirons-nous sans retourner la tête. *(Elles s'en vont.)*

1. **L'article** : le sujet.

Jacobus Buys (1724-1801), *Le Refus*, 1772, huile sur toile (57,5 × 44,4), Coll. privée.

Avez-vous bien lu ?

- Monsieur Sorbin a assisté à la harangue d'Arthénice. ❑ Vrai ❑ Faux
- C'est madame Sorbin qui veut quitter son mari. ❑ Vrai ❑ Faux
- Lina a décidé librement de quitter Persinet. ❑ Vrai ❑ Faux

Au fil du texte

Scène XIV

1. Pour quelles raisons monsieur Sorbin cherchait-il sa femme lorsqu'il la rencontre à la scène XIV ? Quelle était son intention ?
2. À quels « déportements » monsieur Sorbin songe-t-il à la ligne 6 ? Les prend-il au sérieux ?
3. Sur quel ton se parlent le mari et sa femme des lignes 5 à 9 ? Quel est l'effet produit ? De quel genre théâtral cette scène est-elle inspirée ?
4. Comment les répliques s'enchaînent-elles ensuite ? Montrez que le ton change et que l'agressivité augmente.
5. Relisez les lignes 53 à 60. Comment les phrases sont-elles construites ? Que montre cette construction ?
6. **Zoom sur les lignes 63 à 83**
   Dans la tirade de madame Sorbin des procédés d'écriture donnent du poids à son discours. Relevez une énumération, une antithèse, une métaphore, un impératif, un rythme binaire.
7. Quelle décision madame Sorbin prend-elle à la fin de la scène ?

Scène XV

8 Relevez une didascalie (voir lexique p. 112) dans les paroles de Timagène. Quel jeu de scène implique-t-elle ?

9 Lina est-elle totalement soumise à sa mère ? Que refuse-t-elle de faire ?

Pour conclure

10 Finalement, qui semble l'emporter ? Quelle sont les conséquences à prévoir ?

Vocabulaire Masculin/féminin

a. Cherchez le féminin des noms de métiers suivants : un avocat – un chercheur – un chef – un architecte – un écrivain – un artiste – un chimiste – un colonel – un consul – un chirurgien – un dentiste – un diplomate – un éducateur – un financier – un fleuriste – un sage-femme.

b. Parmi les noms de métiers précédents, quels sont les noms qui restent les mêmes pour les hommes et les femmes ?

Écriture

Tous les pays du monde sont loin de donner aux femmes les mêmes droits que les hommes.

Vous êtes porte-parole de collégiens à l'ONU et vous prononcez un discours à l'occasion de la journée mondiale des droits des femmes pour dénoncer les injustices dont certaines sont victimes dans le monde et demander l'égalité des droits entre les sexes.

Inspirez-vous des procédés oratoires utilisés par madame Sorbin et rédigez le discours que vous prononceriez.

TOUS LES ACTEURS PRÉCÉDENTS

PERSINET. – Voilà une départie[1] qui me procure la mort, je n'irai jamais jusqu'au souper.

HERMOCRATE. – Je crois que vous avez envie de pleurer, Monsieur Sorbin ?

MONSIEUR SORBIN. – Je suis plus avancé que cela, Seigneur Hermocrate, je contente mon envie.

PERSINET. – Si vous voulez voir de belles larmes et d'une belle grosseur, il n'y a qu'à regarder les miennes.

MONSIEUR SORBIN. – J'aime ces extravagantes-là plus que je ne pensais. Il faudrait battre, et ce n'est pas ma manière de coutume[2].

TIMAGÈNE. – J'excuse votre attendrissement.

PERSINET. – Qui est-ce qui n'aime pas le beau sexe ?

HERMOCRATE. – Laissez-nous, petit homme.

PERSINET. – C'est vous qui êtes le plus mutin[3] de la bande, Seigneur Hermocrate, car voilà Monsieur Sorbin qui est le meilleur acabit[4] d'homme. Voilà moi qui m'afflige à faire plaisir ; voilà le seigneur Timagène qui le trouve bon. Personne n'est tigre, il n'y a que vous ici qui portiez des griffes, et sans vous, nous partagerions la ferme.

HERMOCRATE. – Attendez, Messieurs, on en viendra à un accommodement[5], si vous le souhaitez, puisque les partis violents vous déplaisent. Mais il me vient une idée, voulez-vous vous en fier à moi[6] ?

1. **Une départie** : un départ (langage démodé).
2. **Ma manière de coutume** : ma manière de faire habituelle.
3. **Mutin** : obstiné et désobéissant.
4. **Acabit** : type.
5. **Un accommodement** : un arrangement.
6. **vous en fier à moi** : me faire confiance.

Un nouveau dénouement

Dans *La Nouvelle Colonie* ou *La Ligue des femmes*, première version de la pièce représentée en 1729, Hermocrate punissait les femmes. Le dénouement de la dernière version est très différent.

TIMAGÈNE. – Soit, agissez, nous vous donnons nos pouvoirs.

MONSIEUR SORBIN. – Et même ma charge[7] avec, si on me le permet.

HERMOCRATE. – Courez, Persinet, rappelez-les, hâtez-vous, elles ne sont pas loin.

PERSINET. – Oh ! pardi, j'irai comme le vent, je saute comme un cabri.

HERMOCRATE. – Ne manquez pas aussi de m'apporter ici tout à l'heure une petite table et de quoi écrire.

PERSINET. – Tout subitement.[8]

TIMAGÈNE. – Voulez-vous que nous nous retirions ?

HERMOCRATE. – Oui, mais comme nous avons la guerre avec les sauvages de cette île, revenez tous deux dans quelques moments nous dire qu'on les voit descendre en grand nombre de leurs montagnes et qu'ils viennent nous attaquer, rien que cela. Vous pouvez aussi amener avec vous quelques hommes qui porteront des armes, que vous leur présenterez pour le combat. *(Persinet revient avec une table, où il y a de l'encre, du papier et une plume.)*

PERSINET, *posant la table.* – Ces belles personnes me suivent, et voilà pour vos écritures, Monsieur le notaire. Tâchez de nous griffonner le papier sur ce papier.

TIMAGÈNE. – Sortons.

7. **Ma charge** : ma fonction.
8. **Tout subitement** : tout de suite.

HERMOCRATE, ARTHÉNICE, MADAME SORBIN

HERMOCRATE, *à Arthénice.* – Vous l'emportez, Madame, vous triomphez d'une résistance qui nous priverait du bonheur de vivre avec vous, et qui n'aurait pas duré longtemps si toutes les femmes de la colonie ressemblaient à la noble Arthénice. Sa raison, sa politesse, ses grâces et sa naissance nous auraient déterminés[1] bien vite. Mais à vous parler franchement, le caractère de Madame Sorbin, qui va partager avec vous le pouvoir de faire les lois, nous a d'abord arrêtés, non qu'on ne la croie femme de mérite à sa façon, mais la petitesse de sa condition[2], qui ne va pas ordinairement sans rusticité[3], disent-ils…

MADAME SORBIN. – Tredame[4] ! ce petit personnage avec sa petite condition…

HERMOCRATE. – Ce n'est pas moi qui parle, je vous dis ce qu'on a pensé. On ajoute même qu'Arthénice, polie[5] comme elle est, doit avoir bien de la peine à s'accommoder de vous.

ARTHÉNICE, *à part, à Hermocrate.* – Je ne vous conseille pas de la fâcher.

HERMOCRATE. – Quant à moi, qui ne vous accuse de rien, je m'en tiens à vous dire de la part de ces messieurs que vous aurez part à tous les emplois, et que j'ai ordre d'en dresser l'acte en votre présence. Mais, voyez avant que je commence, si vous avez encore quelque chose de particulier à demander.

ARTHÉNICE. – Je n'insisterai plus que sur un article[6].

1. **Déterminés** : décidés.
2. **Condition** : condition sociale.
3. **Rusticité** : grossièreté.
4. **Trédame** : juron féminin, contraction de « Notre-Dame ».
5. **Polie** : délicate et raffinée.
6. **Un article** : un sujet.

Madame Sorbin. – Et moi de même ; il y en a un qui me déplaît, et que je retranche, c'est la gentilhommerie[7], je la casse pour ôter les petites conditions, plus de cette baliverne[8]-là.

Arthénice. – Comment donc, Madame Sorbin, vous supprimez les nobles ?

Hermocrate. – J'aime assez cette suppression.

Arthénice. – Vous, Hermocrate ?

Hermocrate. – Pardon, Madame, j'ai deux petites raisons pour cela, je suis bourgeois et philosophe.

Madame Sorbin. – Vos deux raisons auront contentement[9]. Je commande, en vertu de ma pleine puissance, que les nommées Arthénice et Sorbin soient tout un, et qu'il soit aussi beau de s'appeler Hermocrate ou Lanturlu que Timagène. Qu'est-ce que c'est que des noms qui font des gloires ?

Hermocrate. – En vérité, elle raisonne comme Socrate[10]. Rendez-vous, Madame, je vais écrire.

Arthénice. – Je n'y consentirai jamais. Je suis née avec un avantage que je garderai, s'il vous plaît, Madame l'artisane.

Madame Sorbin. – Eh ! allons donc, camarade, vous avez trop d'esprit pour être mijaurée[11].

Arthénice. – Allez vous justifier[12] de la rusticité dont on vous accuse !

Madame Sorbin. – Taisez-vous donc, il m'est avis que je vois un enfant qui pleure après son hochet.

Hermocrate. – Doucement, Mesdames, laissons cet article-ci en litige[13], nous y reviendrons.

Madame Sorbin. – Dites le vôtre, Madame l'élue, la noble.

7. **La gentilhommerie** : la noblesse.
8. **Cette baliverne** : cette plaisanterie.
9. **Contentement** : satisfaction.
10. **Socrate** : philosophe grec de l'Antiquité (Ve siècle avant J.-C.).
11. **Mijaurée** : prétentieuse.
12. **Justifier** : vous corriger.
13. **En litige** : en débat.

ARTHÉNICE. – Il est un peu plus sensé que le vôtre, la Sorbin. Il regarde l'amour et le mariage. Toute infidélité déshonore une femme ; je veux que l'homme soit traité de même.

MADAME SORBIN. – Non, cela ne vaut rien, et je l'empêche.

ARTHÉNICE. – Ce que je dis ne vaut rien ?

MADAME SORBIN. – Rien du tout, moins que rien.

HERMOCRATE. – Je ne serais pas de votre sentiment là-dessus, Madame Sorbin. Je trouve la chose équitable, tout homme que je suis.

MADAME SORBIN. – Je ne veux pas, moi. L'homme n'est pas de notre force, je compatis à sa faiblesse, le monde lui a mis la bride sur le cou[14] en fait de fidélité et je la lui laisse, il ne saurait aller autrement. Pour ce qui est de nous autres femmes, de confusion nous n'en avons pas même assez, j'en ordonne encore une dose : plus il y en aura, plus nous serons honorables, plus on connaîtra la grandeur de notre vertu.

ARTHÉNICE. – Cette extravagante !

MADAME SORBIN. – Dame, je parle en femme de petit état. Voyez-vous, nous autres petites femmes, nous ne changeons ni d'amant ni de mari, au lieu que des dames il n'en est pas de même. Elles se moquent de l'ordre et font comme les hommes, mais mon règlement les rangera.

HERMOCRATE. – Que lui répondez-vous, Madame, et que faut-il que j'écrive ?

ARTHÉNICE. – Eh ! le moyen de rien statuer[15] avec cette harengère[16] ?

14. **La bride sur le cou** : si la bride n'est pas attachée, c'est que l'homme est libre de faire ce qu'il veut.
15. **Statuer** : prendre une décision.
16. **Harangère** : femme grossière (à l'origine, marchande de harengs).

Carmontelle (dit), Carrogis Louis (1717-1806), *Madame d'Épinay et Madame de Meaux, « Écoutez donc que je vous dise »*, musée Condé, Chantilly.

LES ACTEURS PRÉCÉDENTS, TIMAGÈNE, MONSIEUR SORBIN, QUELQUES HOMMES QUI TIENNENT DES ARMES

TIMAGÈNE, *à Arthénice.* – Madame, on vient d'apercevoir une foule innombrable de sauvages qui descendent dans la plaine pour nous attaquer. Nous avons déjà assemblé les hommes. Hâtez-vous de votre côté d'assembler les femmes, et commandez-nous aujourd'hui avec Madame Sorbin, pour entrer en exercice[1] des emplois militaires. Voilà des armes que nous vous apportons.

MADAME SORBIN. – Moi, je vous fais le colonel de l'affaire. Les hommes seront encore capitaines[2] jusqu'à ce que nous sachions le métier.

MONSIEUR SORBIN. – Mais venez du moins batailler.

ARTHÉNICE. – La brutalité de cette femme-là me dégoûte de tout, et je renonce à un projet impraticable avec elle.

MADAME SORBIN. – Sa sotte gloire me raccommode[3] avec vous autres. Viens, mon mari, je te pardonne ; va te battre, je vais à notre ménage.

TIMAGÈNE. – Je me réjouis de voir l'affaire terminée. Ne vous inquiétez point, Mesdames. Allez vous mettre à l'abri de la guerre, on aura soin de vos droits dans les usages qu'on va établir.

1. **Entrer en exercice** : exercer.
2. **Les hommes seront encore capitaines** : les hommes commanderont encore.
3. **Me raccommode** : me réconcilie.

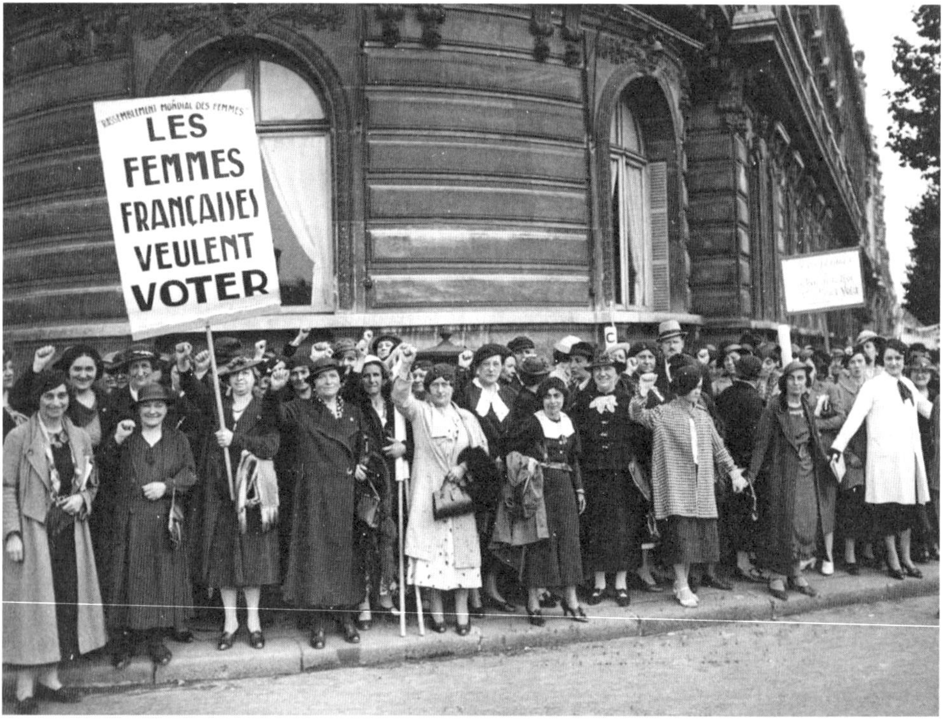

Manifestation des femmes françaises pour le droit de vote, juin 1936.

Avez-vous bien lu ?

- Hermocrate : ❑ accepte les revendications des femmes.
  ❑ fait semblant de les accepter.
- Madame Sorbin veut supprimer la noblesse. ❑ Vrai ❑ Faux
- À la fin de la pièce, les habitants de l'île attaquent les personnages.
  ❑ Vrai ❑ Faux

Au fil du texte

Scène XVI

1. « Sans vous, nous partagerions la ferme » dit Persinet aux lignes 19-20. Que veut-il dire ? Reportez-vous à la scène précédente si besoin.
2. Quel stratagème est proposé ? Qui domine la scène et prend des initiatives, des décisions ? En quoi peut-on rapprocher ce personnage d'un metteur en scène ?

Scène XVII

3. Que veut obtenir Hermocrate dans cette scène ? Comment s'y prend-il pour y parvenir ? Ses objectifs sont-ils atteints à la fin de la scène ?
4. Pourquoi Hermocrate s'adresse-t-il uniquement à Arthénice au début de la scène ? Quelle réaction prévoit-il chez madame Sorbin ?
5. Dans quelle réplique Hermocrate fait-il semblant de céder, au nom des autres hommes, à toutes les revendications des femmes ? Que sait le spectateur ?
6. Sur quels points Arthénice et madame Sorbin s'opposent-elles ? Relevez les expressions qu'elles utilisent pour s'interpeller. Que montrent-elles ?
7. Quel rôle fait semblant de jouer Hermocrate dans la dispute entre les deux femmes ?

Scène XVIII

8 Qu'annonce Timagène ? Pourquoi les femmes doivent-elles participer au combat ? Comment les deux femmes réagissent-elles ? Quel est l'effet produit ?

Pour conclure

9 Quelle est la situation lorsque le rideau se baisse ? A-t-elle évolué par rapport au début de la pièce ?

10 Quel est finalement le défaut qui conduit les femmes à l'échec ?

Vocabulaire Qualités et défauts

a. Associez chaque défaut de la première liste à son antonyme (donc à une qualité) de la seconde liste.

Défauts	Qualités
la rusticité •	• la sagesse
l'insolence •	• la politesse
la déraison •	• la grâce
la brutalité •	• la douceur

b. Au théâtre, le défaut du personnage doit être perceptible à la mimique ou au jeu de l'acteur. Associez les défauts de la liste au jeu de scène qui convient. Quels jeux de scène conviendraient bien à madame Sorbin ?

Défauts	Jeu de scène
la fierté •	• taper du pied
la timidité •	• lever les yeux
la colère •	• lever le menton
le mépris •	• baisser les yeux

Mise en scène

Vous jouerez devant la classe le passage des lignes 33 à 56 de la scène XVII.

Vous mettrez en relief les défauts des deux personnages féminins en insistant sur les jeux de scène et les mimiques.

Retour sur…

I Les conflits politiques

1. Quelles sont les revendications des femmes dans la pièce ? Les hommes les comprennent-ils ? Quelles sont leurs réactions au fil des scènes ?

2. Quel est le seul personnage masculin qui accepterait de laisser aux femmes la responsabilité d'écrire les lois avec les hommes et qui refuse le conflit ?

3. Où se trouvent les personnages ? En quoi ce lieu est-il favorable à un idéal politique ?

II Les conflits amoureux et familiaux

1. Peut-on dire que l'amour triomphe ? Justifiez votre réponse.

2. Quel conflit oppose Lina et sa mère ?

3. Que pensez-vous de l'éducation que madame Sorbin donne à sa fille ? Son éducation est-elle en accord avec ses idées politiques ?

4. Quels sont les trois personnages féminins principaux de la pièce ? Associez à ces trois personnages les adjectifs qui les définissent respectivement parmi les suivants : *têtue*, *oratrice*, *sentimentale*, *veuve*, *colérique*, *noble*, *vaniteuse*, *soumise*, *autoritaire*, *excessive*.

III Pour conclure

1. De quoi naît le rire dans la pièce ? Donnez un exemple de comique de situation, de caractère, de mots, de gestes (voir outils de lecture, p. 110-111).

2. En quoi peut-on dire que cette pièce est une utopie ?

Le dossier du collégien

Testez votre lecture

1 Vrai ou faux

Cochez la bonne case.	VRAI	FAUX
1. Marivaux est un auteur du XVIIIe siècle.	❑	❑
2. Les chefs des femmes sont Arthénice et madame Sorbin.	❑	❑
3. Le personnage féminin le plus comique est Arthénice.	❑	❑
4. Les femmes se disputent et échouent.	❑	❑
5. À la fin de la pièce, les classes sociales restent divisées.	❑	❑

2 Mots croisés

Complétez ces mots croisés et trouvez quel personnage important de la pièce manque.

1. Elle est veuve, représentante de la noblesse.
3. Il va chercher un banc, une table, du papier, transmet les informations et il est amoureux.
5. Il est marié et représentant du Tiers État.
9. Il est l'élu de la noblesse.

D. Il est l'auteur de la ruse finale.
J. Elle est amoureuse et refuse d'abolir le mariage.

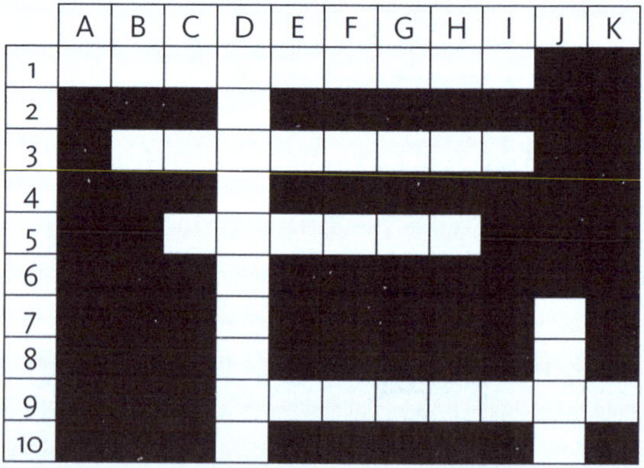

3 Les attributs des personnages

Reliez chacun des personnages aux traits de caractère qui lui correspond.

Lina •	• Amoureux et serviable
Monsieur Sorbin •	• Agressive et têtue
Persinet •	• Rusé et entreprenant
Madame Sorbin •	• Oratrice et féministe
Hermocrate •	• Sûr de lui mais sensible
Arthénice •	• Soumise et amoureuse

4 QUI A DIT... ?

Retrouvez les auteurs de ces phrases le plus rapidement possible.

A

Qui a dit... : « *Nous n'avons été poltronnes que par éducation.* » ? C'est ....

C

Qui a dit... : « *Le monde est une ferme, les dieux là-haut en sont les seigneurs, et vous autres hommes, depuis que la vie dure, en avez toujours été les fermiers tout seuls, et cela n'est pas juste.* » ? C'est ....

B

Qui a dit... : « *La gravité de la magistrature et la décence du barreau ne s'accorderaient jamais avec un bonnet carré sur une cornette.* » ? C'est ....

D

Qui a dit... : « *Nos femmes y babillent trop.* » ? C'est ....

L'œuvre en un coup d'œil

Scènes	Personnages	Actions
Scène I	Arthénice, Madame Sorbin	Un groupe de personnes s'est réfugié sur une île. Les hommes réfléchissent à une constitution. De leur côté, les femmes nobles ont élu Arthénice comme représentante et les femmes du peuple, madame Sorbin. Elles ont décidé de publier une ordonnance de séparation d'avec les hommes.
Scène II	Arthénice, Madame Sorbin, Monsieur Sorbin, Timagène	Timagène et monsieur Sorbin se rendent au Conseil des hommes. Les deux femmes leur font connaître leur souhait de participer au gouvernement. La réponse des hommes n'est que rires, moqueries et incompréhension.
Scène III	Arthénice, Madame Sorbin	Les deux femmes s'indignent de l'offense subie.
Scène IV	Arthénice, Madame Sorbin, Lina, Persinet	Persinet, amoureux de Lina, vient demander à madame Sorbin d'épouser sa fille. Elle le renvoie rudement. Lina lui conseille de ne pas insister.
Scène V	Arthénice, Madame Sorbin, Lina	S'engage une discussion sur le mariage que les femmes veulent abolir. Lina en pleure de chagrin. Arrive une délégation de femmes.
Scène VI	Arthénice, Madame Sorbin, Lina, quatre femmes	Les députées apportent les bracelets, jurent obéissance et demandent à leurs deux chefs de prêter serment. Les femmes seront les égales des hommes.
Scène VII	Les députées, Arthénice, Madame Sorbin, Lina, une femme	Arthénice souhaite parler à l'assemblée des femmes et demande à être assise. Lina appelle Persinet qui passait.
Scène VIII	Tous les précédents, Persinet	Persinet installe les bancs et s'assoit aux côtés de Lina. Madame Sorbin et Arthénice lui ordonnent de partir.
Scène IX	Les femmes	Arthénice expose les raisons qui ont conduit les femmes à accepter leur soumission puis revient sur leurs qualités : la beauté et l'intelligence. Madame Sorbin leur propose de s'enlaidir. Une vive dispute s'ensuit, assortie de jurons.
Scène X	Arthénice, Madame Sorbin, Lina	Arthénice et madame Sorbin se retirent pour rédiger l'ordonnance. Lina doit en avertir les hommes dès leur sortie du Conseil.

Scène XI	**Lina, Persinet**	Persinet et Lina se confirment leur amour. Lina part avertir sa mère que les hommes arrivent et Persinet va informer les hommes des décisions des femmes.
Scène XII	**Monsieur Sorbin, Hermocrate, Timagène, un autre homme, Persinet**	Persinet annonce la révolte des femmes aux hommes et les invite à réfléchir. Monsieur Sorbin, représentant du peuple, part mettre « bon ordre à cette folie-là ».
Scène XIII	**Timagène, Hermocrate, l'autre homme, Persinet, Arthénice, Madame Sorbin, une femme**	Lina affiche l'ordonnance des femmes qui souhaitent participer au gouvernement et exercer tous les métiers. Face aux ricanements des hommes, Arthénice leur laisse une heure de réflexion avant une séparation définitive. Les femmes s'apprêtent à sortir, lorsqu'entre monsieur Sorbin.
Scène XIV	**Monsieur Sorbin, Tous les acteurs précédents, Persinet**	Monsieur Sorbin tente de rappeler son épouse à l'ordre alors qu'elle défend fermement l'égalité entre les hommes et les femmes. Elle annonce leur séparation. Elle appelle Lina pour poursuivre.
Scène XV	**Les mêmes, Persinet, Lina**	Tremblante, Lina répète les revendications d'égalité et se soumet au souhait de sa mère de se séparer de Persinet. Elles sortent.
Scène XVI	**Tous les acteurs masculins**	Monsieur Sorbin et Persinet sont en pleurs. Hermocrate songe à une ruse. Il demande à Persinet d'aller chercher les femmes. Timagène et un autre homme doivent sortir puis revenir pour dire que les sauvages de l'île les attaquent.
Scène XVII	**Hermocrate, Arthénice, Madame Sorbin**	Hermocrate fait semblant d'accepter les revendications des femmes. Il flatte la noble Arthénice mais rabaisse madame Sorbin qui, vexée, demande la suppression de la noblesse. Les deux femmes se disputent.
Scène XVIII	**Les acteurs précédents, Timagène, Monsieur Sorbin, quelques hommes**	Timagène annonce que des sauvages vont attaquer, demande aux femmes de s'armer et d'organiser la bataille. Madame Sorbin pardonne subitement à son mari et Arthénice renonce à toute revendication. Timagène s'en réjouit et annonce aux femmes que les hommes veilleront aux droits des femmes dans les lois qu'ils établiront.

Genre Le théâtre, la comédie

Sur scène, le théâtre place une société créée par des personnages sous les yeux d'un spectateur et invite celui-ci à réfléchir, et ce, dès les origines en Grèce antique.

Les caractéristiques du texte de théâtre

- Le texte de théâtre est écrit pour être représenté par des acteurs face à un public. Il est constitué de didascalies et de répliques.
  - **Les didascalies** sont écrites en italiques et donnent des informations sur les **jeux de scène** (gestes, mouvements, expression du visage) : Arthénice, *après avoir toussé et craché*, scène IX, *Elle met la main dans celle d'une des députées*, à la scène VI, ou Timagène, *riant*, à la scène II.
  - Les **répliques** sont prononcées sur scène par les acteurs. Elles ont un **double destinataire : le personnage à qui s'adresse celui qui parle, mais aussi les spectateurs**.
- *La Colonie* comprend 18 scènes. On passe d'une scène à l'autre quand un personnage entre ou sort de l'espace scénique.

Le théâtre et la comédie dans l'Antiquité

- Le théâtre est né dans le cadre des **fêtes traditionnelles en l'honneur de Dionysos**, dieu grec de la fête et du vin, au VIIe siècle avant J.-C. **Aristophane** est le plus connu des auteurs grecs de comédies. Ses œuvres mettent en scène les petites gens qui se moquent des puissants, s'en prenant même aux fondements de la cité. Dans une de ses comédies, *Lysistrata*, les femmes se révoltent contre la politique menée par les hommes et c'est cette pièce qui inspirera Marivaux.
- Dans l'Antiquité, **les représentations théâtrales font partie de la vie du citoyen**. Les magistrats de la cité organisent des concours lors des grandes dionysies deux fois par an. Un jour est consacré aux chants, un jour aux comédies et trois jours aux tragédies. Les questions politiques du pouvoir, de la tyrannie et de la démocratie y sont abordées. Aristote, philosophe grec et théoricien du théâtre, donne

une définition de la comédie : elle met en scène « une humanité inférieure à la moyenne », elle favorise de la part du spectateur une position de supériorité, qui permet la liberté de jugement. Pourtant, à la fin du Ve siècle, les auteurs doivent renoncer à une satire trop précise. La comédie va alors s'orienter vers un théâtre plus populaire.

Le théâtre et la comédie du Moyen Âge au XVIIe siècle

- Au Moyen Âge, en France, les satires, les soties et les farces servent d'intermèdes comiques aux longues représentations des mystères et du théâtre religieux puisque **la farce vise à faire rire** par les moyens les plus simples. Le mari est souvent stupide ou inapte et le relais est vite pris par le voisin, le curé ou le moine pour la satisfaction des besoins de sa femme. La farce repose sur l'affrontement et elle représente sur scène tous les péchés capitaux.
- Dès la seconde moitié du XVIe siècle, **des comédiens italiens** viennent à Paris, appelés par Catherine de Médicis puis Henri III et apportent avec eux des spectacles qui mettent en scène des personnages types : Arlequin, le Docteur, Pantalon, Brighella, l'amoureux, l'amoureuse... Il n'y a pas de texte écrit du début à la fin. Les acteurs improvisent à partir d'un canevas toujours identique. Ce théâtre très visuel, acrobatique et comique rencontre un vif succès auprès du public. C'est la *commedia dell'arte*.
- Vers 1630, la comédie évolue : elle est conçue par opposition à la tragédie qui suscite terreur et pitié et par opposition à la farce au comique peu raffiné. Elle met en scène des personnages de condition moyenne qui triomphent des obstacles qui se dressent sur leur chemin. **Molière**, bon connaisseur de la *commedia dell'arte* et du théâtre de foire, va ainsi intégrer le meilleur de la tradition populaire à la comédie et faire du rire un moyen pour observer et critiquer le monde.

Le théâtre et la comédie au XVIIIe siècle

- Au début du XVIIIe siècle, le théâtre est très populaire dans toute l'Europe occidentale et particulièrement en France. À l'époque où Marivaux devient dramaturge, vers 1720, il existe déjà **quatre salles officielles de spectacles à Paris** : le Théâtre-Français (ou Comédie-Française), le Théâtre-Italien (ou Comédie-Italienne), l'Opéra (ou Académie Royale de musique, au Palais Royal) et la salle des machines (au Palais des Tuileries) qui ne sert qu'aux grands spectacles notamment aux ballets offerts à la cour. À ces lieux officiels s'ajoutent les **théâtres de la Foire**, très fréquentés. Vingt-et-une pièces de Marivaux ont été jouées au Théâtre-Italien et treize au Théâtre-Français. Marivaux préférait la façon de jouer des Italiens, beaucoup plus dynamique que celle de la Comédie française où les acteurs déclamaient leur texte sans aucun naturel. Marivaux se situe à un carrefour d'influences car il mêle le regard critique d'un Aristophane, la rigueur dramaturgique d'un Molière et le naturel et le jeu en mouvement de la *commedia dell'arte*.

- Le XVIIIe siècle voit l'apparition d'un genre nouveau, **le drame bourgeois**, illustré entre autres par le philosophe Diderot, qui met en scène une peinture réaliste des milieux bourgeois. Le ton est sérieux, le propos émouvant et moralisateur, mais ce théâtre ne plaît guère. En revanche, un grand dramaturge, Beaumarchais, connaîtra le succès et sera nommé le « fils de Molière ». Son personnage de valet, Figaro, associe comique et esprit du XVIIIe siècle car cet homme du peuple réclame plus de justice sociale et une reconnaissance du mérite. Il est épris de liberté, à l'aube de la Révolution française. Ainsi, au XVIIIe siècle, des tendances nouvelles s'affirment : la **comédie s'oriente vers une critique sociale plus forte**.

Individu et société : confrontation de valeurs ?

Thème

Le théâtre, un lieu d'expression

◆ De tous les genres littéraires, le théâtre est le lieu d'expression privilégié des **rapports entre l'individu et la société** : partagent-ils les mêmes valeurs ? Ou bien ont-ils au contraire des idées opposées qui sont sources de conflits, de révoltes ? La confrontation peut passer par le dialogue entre deux individus, par le dialogue au sein d'une assemblée, par la tirade ou encore par les *apartés*. La pièce de Marivaux s'inscrit parfaitement dans ce cadre.

Les valeurs du XVIIIe siècle

◆ Les valeurs sont les **principes qui vont guider les personnages**. La littérature du siècle des Lumières travaille à la recherche du bonheur sous toutes ses formes. Pour atteindre ce bonheur, il faut mettre en avant les valeurs du travail, de la fraternité, de la tolérance, de la liberté économique et politique, de l'égalité de tous. Les philosophes des Lumières considèrent qu'aucune différence réellement importante n'existe au sein de la nature humaine. Ils refusent les préjugés et la mise à l'écart des malades, des fous, ainsi que les inégalités quelles qu'elles soient. *La Colonie* traite des thèmes chers aux combats des Lumières : tolérance, souveraineté du peuple, égalité de tous les hommes, éducation. Marivaux s'intéresse au comportement des hommes et des femmes dans une société transformée peu à peu par l'influence de la philosophie et de l'esprit des Lumières, une philosophie optimiste, progressiste.

« Une philosophie optimiste, progressiste »

Les conflits

◆ Dans *La Colonie*, travailler sur la confrontation de valeurs, c'est travailler sur **le conflit entre les hommes et « le sexe opprimé », les femmes**. Le premier mot de la pièce qui évoque cette opposition est celui de « séparation d'avec les hommes ». Les femmes refusent « la soumission », « la servitude » « l'abaissement » « l'oppression » au nom de l'intégration des femmes dans la société. Les hommes protestent contre les propositions des femmes, Lina s'insurge contre la décision de sa mère, les amoureux désobéissent pour se parler en cachette…

- **Toutes contre tous ?** Le théâtre constitue le premier espace, clos. Dans cet espace, un second espace : l'île, close. Sur cette île, deux groupes s'affrontent : le groupe des femmes et celui des hommes. À l'ouverture de la pièce, il y a des individus mais pas encore de société. Des gens ont quitté leur pays d'origine pour venir s'établir dans un autre pays, dans un espace où la société n'existe pas encore. À ce tableau il faudrait rajouter un troisième espace, la société d'origine, l'ordre ancien. Or, le groupe des hommes souhaite reconstruire un modèle social à l'identique de celui qu'il a quitté. Le groupe des femmes, lui, souhaite déconstruire le modèle d'origine et reconstruire **une nouvelle société, plus égalitaire**. Cette discordance entre hommes et femmes est le nœud du conflit dramatique.
- Dans la pièce, **les conflits s'individualisent** : une fille s'oppose à sa mère, une femme à son mari, un mari à sa femme, un couple d'amoureux à une décision collective. Dans la scène II, monsieur Sorbin s'oppose à sa femme qui lui tient tête. Dans la scène V, madame Sorbin défend à sa fille de céder à l'amour de Persinet. Les conflits politiques se doublent de conflits familiaux et amoureux.

« Des conflits familiaux et amoureux »

- **Les unes contre les autres.** La pièce tourne à la **satire** à la scène 9. Madame Sorbin, dans la lutte qu'elle organise contre les hommes, a une position très radicale, excessive même, au point d'être ridicule. Elle propose aux femmes de s'enlaidir. On sombre alors dans **la caricature du féminisme**. Arthénice, plus mesurée, défend l'unité des femmes. Pourtant, lorsque madame Sorbin envisage de supprimer la « gentilhommerie » à la scène XVII, Arthénice, choquée, la renvoie à son origine sociale modeste en l'appelant « madame l'artisane ».

Une utopie ?

- Le spectateur est invité à réfléchir à **l'égalité possible entre les sexes, entre les classes sociales**, aux préjugés qui placent la femme au-dessous des hommes mais aussi aux incohérences des femmes qui se lisent dans l'éducation donnée par madame Sorbin à sa fille. Comment vouloir la liberté et l'indépendance des femmes et enseigner à sa propre fille la soumission ?

- **Personne n'a raison ni tort dans cette pièce.** Aucun personnage n'incarne véritablement le bon sens. Le dénouement confirme que la pièce ne présente pas un idéal devenu réel. Il marque, en apparence, un retour au point de départ car la révolte des femmes a échoué. En réalité, le message de la pièce est positif et vise à **modifier le comportement des spectateurs**. La réplique d'Arthénice prédit une victoire : « Et quand même nous ne réussirions pas, nos petites-filles réussiront. » Le combat féministe est en marche et ne s'arrêtera plus jusqu'à nos jours.

« nos petites-filles réussiront »

- Marivaux n'est pas un révolutionnaire, il ne souhaite pas renverser l'ordre établi mais sa pièce diffuse **des idées nouvelles et constructives** pour établir plus tard une nouvelle société.

Texte 1 Le choix d'une vie

Suzanne, enfant illégitime, envoyée à vie au couvent par sa famille, veut sortir du cloître, malgré les pressions qu'elle subit. Elle parle ici à la supérieure du couvent.

« J'étais, je suis et je serai toute ma vie mécontente de mon état[1].

— L'esprit séducteur qui nous environne sans cesse, et qui cherche à nous perdre, aurait-il profité de la liberté trop grande qu'on vous a accordée depuis peu, pour vous inspirer quelque penchant funeste[2] ?

— Non, madame : vous savez que je ne fais pas un serment sans peine : j'atteste Dieu que mon cœur est innocent, et qu'il n'y eut jamais aucun sentiment honteux.

— Cela ne se conçoit pas[3].

— Rien cependant, madame, n'est plus facile à concevoir. Chacun a son caractère, et j'ai le mien ; vous aimez la vie monastique, et je la hais ; vous avez reçu de Dieu les grâces[4] de votre état, et elles me manquent toutes ; vous vous seriez perdue dans le monde[5] ; et vous assurez ici votre salut ; je me perdrais ici, et j'espère me sauver dans le monde ; je suis et je serai une mauvaise religieuse.

— Et pourquoi ? Personne ne remplit mieux ses devoirs que vous.

— Mais c'est avec peine et à contrecœur.

— Vous en méritez davantage[6].

— Personne ne peut savoir mieux que moi ce que je mérite ; et je suis forcée de m'avouer qu'en me soumettant à tout, je ne mérite rien. Je suis lasse[7] d'être une hypocrite ; en faisant ce qui sauve les autres, je me déteste et je me damne. En un mot, madame, je ne connais de véritables religieuses que celles qui sont retenues ici par leur goût pour la retraite[8], et qui y resteraient quand elles n'auraient autour d'elles ni grilles, ni murailles qui les retinssent[9]. Il s'en manque bien que je sois de ce nombre : mon corps est ici, mais mon cœur n'y est pas ; il est au dehors : et s'il fallait opter[10] entre la mort et la clôture[11] perpétuelle, je ne balancerais pas à mourir. Voilà mes sentiments.

— Quoi ! vous quitterez sans remords ce voile, ces vêtements qui vous ont consacrée à Jésus-Christ ?

— Oui, madame, parce que je les ai pris sans réflexion et sans liberté ».

Denis Diderot, *La Religieuse*, 1796.

1. **État** : situation.
2. **Funeste** : mauvais.
3. **Cela ne se conçoit pas** : cela n'a pas de sens.
4. **Grâces** : bienfaits.
5. **Dans le monde** : dans la vie hors du couvent.
6. **Vous en méritez davantage** : vous n'en avez que plus de mérite.
7. **Lasse** : fatiguée.
8. **Retraite** : fait d'être retiré du monde.
9. **Retinssent** : retiennent.
10. **Opter** : choisir.
11. **Clôture** : enfermement, réclusion.

Texte 2 Le portrait d'une mère

La narratrice, dont la famille habite en province, évoque le souvenir de sa mère, revenant de l'un de ses séjours à Paris.

Elle revenait chez nous lourde de chocolat en barre, de denrées exotiques et d'étoffes en coupons, mais surtout de programmes de spectacles et d'essence à la violette, et elle commençait de nous peindre Paris dont tous les attraits[1] étaient à sa mesure, puisqu'elle ne dédaignait rien.

En une semaine elle avait visité la momie exhumée, le musée agrandi, le nouveau magasin, entendu le ténor et la conférence sur la musique birmane. Elle rapportait un manteau modeste, des bas d'usage[2], des gants très chers.

Surtout elle nous rapportait son regard gris voltigeant, son teint vermeil que la fatigue rougissait, elle revenait ailes battantes, inquiète de tout ce qui, privé d'elle, perdait la chaleur et le goût de vivre. Elle n'a jamais su qu'à chaque retour l'odeur de sa pelisse en ventre-de-gris[3], pénétrée d'un parfum châtain clair, féminin, chaste, éloigné des basses séductions axillaires[4], m'ôtait la parole, et jusqu'à l'effusion[5].

D'un geste, d'un regard elle reprenait tout. Quelle promptitude[6] de main ! Elle coupait des bolducs[7] roses, déchaînait des comestibles coloniaux, repliait avec soin les papiers noirs goudronnés qui sentaient le calfatage[8]. Elle parlait, appelait la chatte, observait à la dérobée[9] mon père amaigri, touchait et flairait mes longues tresses pour s'assurer que j'avais brossé mes cheveux… Une fois qu'elle dénouait un cordon d'or sifflant, elle s'aperçut qu'au géranium prisonnier contre la vitre d'une des fenêtres, sous le rideau de tulle, un rameau pendait, rompu, vivant encore. La ficelle d'or à peine déroulée s'enroula vingt fois autour du rameau rebouté[10] étayé d'une petite éclisse[11] de carton…

Colette, *Sido*, 1930.

1. **Attraits** : avantages.
2. **D'usage** : ordinaires.
3. **Ventre-de-gris** : fourrure d'écureuil.
4. **Axillaires** : qui vient des aisselles. Colette évoque les odeurs de sueur.
5. **Effusion** : grande émotion.
6. **Promptitude** : rapidité.
7. **Bolducs** : rubans.
8. **Calfatage** : traitement des coques des navires avec du goudron pour les rendre étanches.
9. **À la dérobée** : en cachette.
10. **Rebouté** : réparé.
11. **Étayé d'une petite éclisse** : consolidé d'un petit morceau.

Texte 3 La question du bonheur

Antigone, fille d'Œdipe, fait partie d'une famille sur laquelle planent la fatalité et la mort. Alors qu'Antigone se dresse contre la loi de son oncle Créon, ce dernier tente de lui faire entendre raison. Mais Antigone persiste à croire que le bonheur n'est pas pour elle.

CRÉON

Tu as toute ta vie devant toi. Notre discussion était bien oiseuse[1], je t'assure. Tu as ce trésor, toi, encore.

ANTIGONE

Oui.

CRÉON

Rien d'autre ne compte. Et tu allais le gaspiller ! Je te comprends, j'aurais fait comme toi à vingt ans. C'est pour cela que je buvais tes paroles. J'écoutais du fond du temps un petit Créon maigre et pâle comme toi et qui ne pensait qu'à tout donner lui-aussi... Marie-toi vite, Antigone, sois heureuse. La vie n'est pas ce que tu crois. C'est une eau que les jeunes gens laissent couler sans le savoir, entre leurs doigts ouverts. Ferme tes mains, ferme tes mains, vite. Retiens-la. Tu verras, cela deviendra une petite chose dure et simple qu'on grignote, assis au soleil. Ils te diront tout le contraire parce qu'ils ont besoin de ta force et de ton élan. Ne les écoute pas. Ne m'écoute pas quand je ferai mon prochain discours devant le tombeau d'Etéocle[2]. Ce ne sera pas vrai. Rien n'est vrai que ce qu'on ne dit pas... Tu l'apprendras, toi aussi, trop tard, la vie c'est un livre qu'on aime, c'est un enfant qui joue à vos pieds, un outil qu'on tient bien dans sa main, un banc pour se reposer le soir devant sa maison. Tu vas me mépriser encore, mais de découvrir cela, tu verras, c'est la consolation dérisoire[3] de vieillir ; la vie, ce n'est peut-être tout de même que le bonheur.

ANTIGONE, *murmure, le regard perdu.*

Le bonheur...

CRÉON, *a un peu honte soudain.*

Un pauvre mot, hein ?

ANTIGONE

Quel sera-t-il, mon bonheur ? Quelle femme heureuse deviendra-t-elle, la petite Antigone ? Quelles pauvretés faudra-t-il qu'elle fasse elle aussi, jour par jour, pour arracher avec ses dents son petit lambeau de bonheur ? Dites, à qui devra-t-elle mentir, à qui sourire, à qui se vendre ? Qui devra-t-elle laisser mourir en détournant le regard ?

CRÉON, *hausse les épaules.*

Tu es folle, tais-toi.

ANTIGONE

Non, je ne me tairai pas ! Je veux savoir comment je m'y prendrais, moi aussi, pour être heureuse. Tout de suite, puisque c'est tout de suite qu'il faut choisir. Vous dites que c'est si beau, la vie. Je veux savoir comment je m'y prendrai pour vivre.

CRÉON

Tu aimes Hémon ?

ANTIGONE

Oui, j'aime Hémon[4]. J'aime un Hémon dur et jeune ; un Hémon exigeant et fidèle, comme moi. Mais si votre vie, votre bonheur doivent passer sur lui avec leur usure, si Hémon ne doit plus pâlir quand je pâlis, s'il ne doit plus me croire morte quand je suis en retard de cinq minutes, s'il ne doit plus se sentir seul au monde et me détester quand je ris sans qu'il sache pourquoi, s'il doit devenir près de moi le monsieur Hémon, s'il doit apprendre à dire « oui », lui aussi, alors je n'aime plus Hémon.

CRÉON

Tu ne sais plus ce que tu dis. Tais-toi.

ANTIGONE

Si, je sais ce que je dis, mais c'est vous qui ne m'entendez plus. Je vous parle de trop loin maintenant, d'un royaume où vous ne pouvez plus entrer avec vos rides, votre sagesse, votre ventre. (*Elle rit.*) Ah ! je ris, Créon, je ris parce que je te vois à quinze ans, tout d'un coup ! C'est le même air d'impuissance et de croire qu'on peut tout. La vie t'a seulement ajouté ces petits plis sur le visage et cette graisse autour de toi.

CRÉON, *la secoue.*

Te tairas-tu, enfin ?

ANTIGONE

Pourquoi veux-tu me faire taire ? Parce que tu sais que j'ai raison ? Tu crois que je ne lis pas dans tes yeux que tu le sais ? Tu sais que j'ai raison, mais tu ne l'avoueras jamais parce que tu es en train de défendre ton bonheur en ce moment comme un os.

CRÉON

Le tien et le mien, oui, imbécile !

ANTIGONE

Vous me dégoûtez tous, avec votre bonheur ! Avec votre vie qu'il faut aimer coûte que coûte. On dirait des chiens qui lèchent tout ce qu'ils trouvent. Et cette petite chance pour tous les jours, si on n'est pas trop exigeant. Moi, je veux tout, tout de suite, – et que ce soit entier – ou alors je refuse ! Je ne veux pas être modeste, moi, et me contenter d'un petit morceau si j'ai été bien sage. Je veux être sûre de tout aujourd'hui et que cela soit aussi beau que quand j'étais petite – ou mourir.

Jean Anouilh, *Antigone*, 1944.

1. **Oiseuse** : inutile, vaine.
2. **Étéocle** : fils d'Œdipe et Jocaste, frère d'Antigone. Il s'est entretué avec son frère pour le trône.
3. **Dérisoire** : minime.
4. **Hémon** : fils de Créon et fiancé d'Antigone.

Lecture d'images

Observez l'image → Voir le verso de couverture en début d'ouvrage.

La Colonie, mise en scène de Gilberte Tsaï, 2011, Assemblée des femmes avec Arthénice, Mme Sorbin et Lina. De dos, Timagène.

1 Observez le personnage d'Arthénice. Qu'est-ce qui se dégage de cette femme ? Justifiez votre réponse en commentant sa position sur scène, son port de tête, son visage.

2 Observez le personnage de Madame Sorbin. Que constatez-vous ?

3 Observez le personnage de droite. En quoi sa position sur scène, son costume et sa coiffure montrent-ils qu'il s'agit de Lina ?

4 Observez le personnage de dos au premier plan. En quoi le choix du photographe permet-il de renforcer l'idée d'un conflit ?

5 Selon vous, quel passage de *La Colonie* cette photographie illustre-t-elle ?

Observez l'image → Voir le verso de couverture en fin d'ouvrage.

1943, *We Can Do It !* de J. Howard Miller (USA, 43 × 56 cm).

1 Cette affiche a été créée en 1943. Quel est alors le contexte historique mondial ? Où sont les hommes ? Où sont les femmes ?

2 Traduisez en français le slogan de cette œuvre.

3 Sur le col de la chemise du personnage figure un badge sur lequel est inscrit le nom de l'usine d'armement qui a commandé cette œuvre.
Ce document a été collé sur ses murs du 15 au 28 février 1943.
Selon vous, et en vous aidant des réponses précédentes, quel problème pouvaient rencontrer les usines en 1943 ?

4 Quel était donc l'objectif de ce document ? À qui s'adresse le slogan ?

5 Faites une recherche sur ce qu'est une « pin up » à la même époque aux États-Unis. Quels points communs et quelles différences voyez-vous entre les pin-up et le personnage représenté ici ?

6 Quels liens pouvez-vous faire entre ce document et la pièce de Marivaux ? Retrouve-t-on la tonalité comique de la pièce ? Justifiez votre réponse.

L'art oratoire

L'art oratoire ou la rhétorique est l'art de bien parler. Il caractérise notamment Arthénice qui doit convaincre l'assemblée des femmes.

Les outils sont nombreux :

- Les apostrophes « *mesdames* » « *messieurs* »,
- les pronoms personnels de la deuxième personne du singulier, « *tu* » ou du pluriel, « *vous* »,
- les questions qui n'attendent pas de réponse mais qui visent à interpeller l'auditoire (les questions rhétoriques),
- les répétitions pour insister sur les mots importants,
- les anaphores (répétition d'un même mot ou groupe de mot en début de groupe) pour marquer l'auditoire,
- les interjections pour exprimer ses sentiments avec plus de vivacité « *Hélas !* », « *Quoi !* ».

L'ironie

L'ironie est une figure de pensée qui participe du comique de mots : elle est une forme de raillerie, de moquerie.

À l'oral, l'ironie est soulignée par l'intonation ou les mimiques. À l'écrit, il est plus difficile de la repérer. Elle repose sur l'hyperbole (exagération), l'insistance suspecte, l'antiphrase (procédé qui consiste à dire le contraire de ce que l'on pense). Dans la scène II de *La Colonie*, lorsque madame Sorbin annonce à son mari que les femmes souhaitent assister les hommes dans l'exercice du pouvoir, celui-ci use d'ironie pour lui répondre et utilise soit l'hyperbole : « *Tu deviens folle ?* », soit l'antiphrase « *Tant mieux, faites, amusez-vous !* »

Lorsqu'Arthénice demande à Timagène si les hommes parlent des femmes durant leur réunion, celui-ci répond qu'ils n'en disent pas un mot. Et Arthénice de reprendre « *Pas un mot, c'est fort bien fait.* ». Elle ne pense pas ce qu'elle dit puisqu'il s'agit selon elle d'une erreur. Ce trait d'ironie repose sur une antiphrase comique. À la scène XIV, lorsque monsieur Sorbin dit à sa femme : « *Vraiment, je suis très charmé de vous voir, et vos déportements sont tout à fait divertissants* », il s'agit également d'une antiphrase ironique puisque monsieur Sorbin souhaiterait que sa femme cesse toute révolte.

Les types de comique

On distingue quatre types de comique.

a. Le comique de mots est fondé sur les répétitions, les déformations de mots, les paroles décalées, les jeux de mots...

La répétition est également source de comique. Pour insister sur l'injustice liée à la domination masculine, le terme « *des hommes* » est répété plusieurs fois par madame Sorbin à la scène II, repris par Arthénice. « *Des hommes* », « *Et toujours des hommes* ».

b. Le comique de gestes repose sur les chutes, les soufflets, les mouvements. Les allées et venues de Persinet au service des femmes est comique.

c. Le comique de caractère repose essentiellement sur la caricature des défauts d'un personnage. Dans *La Colonie*, les hommes sont présentés comme des peureux qui manquent de courage et de détermination « *J'avoue que mon incapacité me fait déjà trembler.* » dit Timagène à la scène II. Et monsieur Sorbin de rajouter que faire les lois lui cause « *un grand souci* ». Les femmes ne sont pas épargnées par la caricature. Lorsqu'à la scène VI, Arthénice précise qu'elles auraient volontiers « *supprimé le faste* » dont on les pare, madame Sorbin n'en refuse pas pour autant le bracelet que les députées lui offrent.

d. Le comique de situation avec les malentendus, quiproquos et attitudes décalées. Lors de la scène XIII, la situation amène les femmes à réclamer des postes aux plus hautes fonctions comme des postes militaires : « *Mort de ma vie ! Qu'on nous donne des armes, nous serons plus méchantes que vous ; je veux que dans un mois, nous maniions le pistolet comme un éventail ; je tirai ces jours passés sur un perroquet, moi qui vous parle.* » dit madame Sorbin. Enfin, la ruse d'Hermocrate à la fin de la pièce crée un comique de situation. Il prétend que des sauvages attaquent l'île et que les femmes doivent s'assembler pour les combattre. Aussitôt madame Sorbin fait marche arrière et s'exclame « *Moi, je vous fais colonel de l'affaire.* »

Les mots du théâtre

■ **Accessoire :** objet ou meuble utilisé pendant le spectacle.

■ **Acte :** division d'une pièce de théâtre en parties d'importance égale.

■ **Aparté :** le personnage s'adresse au public ou à lui-même sans que les autres personnages sur scène l'entendent.

■ **Avant-scène :** partie de la scène située devant le rideau de scène.

■ **Cintre :** partie du théâtre au-dessus de la scène servant à escamoter les décors.

■ **Comédien :** personne qui interprète un rôle.

■ ***Commedia dell'arte* :** théâtre italien des XVe et XVIe siècle fondé essentiellement sur le comique de gestes et de mots, autour d'un scénario toujours identique et de personnages types (Arlequin, Pantalon, le docteur…).

■ **Coulisses :** partie de chaque côté de la scène qui sert à ranger les décors, ou qui permet aux comédiens d'attendre entre les scènes pour ne pas être vus.

■ **Côté cour :** côté droit de la scène pour les spectateurs.

■ **Côté jardin :** côté gauche de la scène pour les spectateurs. Au XVIIe siècle, la loge d'avant-scène du roi était du côté droit et celle de la reine du côté gauche. Le côté droit s'appelait donc côté du Roi et la gauche côté de la Reine. Après la Révolution, le côté droit devint le côté jardin à cause du Jardin des Tuileries, et le gauche côté cour à cause de la cour du Caroussel.

■ **Distribution :** répartition des rôles.

■ **Dénouement :** fin de la pièce.

■ **Dialogue :** échange de répliques entre deux ou plusieurs personnages.

■ **Didascalie :** les indications de représentation sont données par les didascalies. Les didascalies externes donnent des indications de décor, de lieu, de jeu et le nom des personnages. Elles sont écrites en italiques. Les didascalies internes donnent les mêmes indications mais elles sont contenues dans les paroles du personnage.

■ **Double énonciation :** au théâtre, les personnages échangent des paroles qui visent deux destinataires : un autre personnage ou plusieurs (c'est le premier niveau de l'énonciation) et le public lui-même (c'est le deuxième niveau de l'énonciation).

■ **Dramaturge :** auteur d'un texte de théâtre.

■ **Dramatique :** synonyme de théâtral. Une œuvre dramatique est une pièce de théâtre. *Drama* en grec signifie l'action. La tension dramatique est liée à l'action en place, à son rythme, son intensité.

■ **Exposition :** elle est constituée des informations fournies dès les premières scènes pour permettre que la situation soit évaluée et l'action comprise. La scène d'exposition est la première scène d'une pièce de théâtre. L'acte d'exposition est le premier acte.

■ **Farce :** théâtre populaire qui relève d'un comique vulgaire et grossier, qui donne l'occasion de déployer sur scène un comique de gestes (coups de bâton, soufflets, chutes…).

■ **Gestuelle :** ensemble des mouvements d'un acteur.

■ **Hors-scène :** espace où se déroulent des événements en dehors du champ de perception du spectateur (les coulisses appartiennent au hors-scène, un autre lieu que celui de la scène).

■ **Intrigue :** ensemble des événements qui constituent le déroulement de la pièce.

- **Loges :** espace réservé aux comédiens pour se préparer avant la représentation.
- **Machinerie :** ensemble de l'appareillage permettant la mise en scène.
- **Marivaudage :** jeu galant avec les mots.
- **Mimique :** expression du visage du comédien qui vise à faire ressortir les émotions ressenties par le personnage.
- **Mise en scène :** ensemble des moyens d'interprétation scénique (scénographie, musique, jeu, décor, lumière).
- **Parlure :** façon de parler des personnages qui permet d'identifier leur appartenance sociale : vocabulaire populaire, familier, soutenu, syntaxe et ton.
- **Pathétique :** mode de réception du spectacle qui suscite de la compassion, de la pitié.
- **Plateau :** ensemble du plancher de la scène et des coulisses.
- **Régisseur :** responsable de la technique du spectacle, des effets de lumière et des effets sonores.
- **Réplique :** texte dit par un personnage au cours d'un dialogue.
- **Salut :** retour des comédiens sur scène pour s'incliner devant le public à la fin du spectacle.
- **Tirade :** longue réplique qu'un personnage adresse à un autre personnage. Elle sert par exemple à développer une argumentation, exprimer des sentiments ou confier des secrets.

À lire À voir

À lire

Une autre pièce de Marivaux

- ***L'Île des esclaves*** **(1725)**

  Écrite 25 ans avant *La Colonie*, *L'Île des esclaves* est une comédie où quatre personnages font naufrage sur une île et où les rôles s'inversent. Les maîtres deviennent esclaves et les esclaves prennent le pouvoir !

Une autre comédie sur la confrontation de valeurs

- **Molière, *L'École des femmes* (1662)**

  Agnès est une jeune fille élevée par Arnolphe, de vingt-cinq ans son aîné, qui la garde enfermée dans une maison pour lui éviter tout contact avec le monde extérieur. Il souhaite faire d'elle une épouse parfaite, c'est-à-dire soumise. Les choses ne vont pas exactement se passer comme prévu dans cette comédie satirique.

Des textes engagés

- **Olympe de Gouges, *Déclaration des droits de la femme et de la citoyenne* (1791)**

  Ce texte juridique imite *la Déclaration des droits de l'homme et du citoyen* proclamée le 26 août 1789. L'auteure fait la liste des droits réservés aux hommes, le droit de vote, la liberté professionnelle, les droits de propriété... Elle y défend la cause des femmes.
- **Déclaration d'Élisabeth Guigou**, ministre de la Justice, le 15 décembre 1998, à l'Assemblée nationale.

  La ministre y évoque le projet de loi constitutionnelle relatif à l'égalité entre les femmes et les hommes.
- Les paroles de **la chanson de Juliette, « Rimes féminines »**, 1997.

LYCÉE

31. *L'Encyclopédie* (textes choisis)
75. *L'Homme en débat au XVIIIe siècle* (anthologie)
82. *Nouvelles réalistes et naturalistes* (anthologie)
103. *Paroles de femmes* (anthologie)
107. *Poésie et politique* (anthologie)
106. *Rencontrer l'autre* (anthologie)
110. *Une terre et des hommes* (anthologie)
85. **Apollinaire**, *Alcools*
33. **Balzac**, *Gobseck*
60. **Balzac**, *L'Auberge rouge*
47. **Balzac**, *La Duchesse de Langeais*
18. **Balzac**, *Le Chef-d'œuvre inconnu*
72. **Balzac**, *Pierre Grassou*
95. **Baudelaire**, *Tableaux parisiens*
32. **Beaumarchais**, *Le Mariage de Figaro*
20. **Corneille**, *Le Cid*
78. **Corneille**, *Médée*
56. **Flaubert**, *Un cœur simple*
92. **Giraudoux**, *La guerre de Troie n'aura pas lieu*
77. **Hugo**, *Les Contemplations : Pauca Meae*
49. **Hugo**, *Ruy Blas*
48. **Marivaux**, *L'Île des esclaves*
57. **Marivaux**, *Les Acteurs de bonne foi*
19. **Maupassant**, *La Maison Tellier*
69. **Maupassant**, *Une partie de campagne*
55. **Molière**, *Amphitryon*
15. **Molière**, *Dom Juan*
79. **Molière**, *Le Misanthrope*
35. **Molière**, *Le Tartuffe*
63. **Musset**, *Les Caprices de Marianne*
14. **Musset**, *On ne badine pas avec l'amour*
46. **Racine**, *Andromaque*
66. **Racine**, *Britannicus*
30. **Racine**, *Phèdre*
13. **Rimbaud**, *Illuminations*
99. **Rimbaud**, *Les Cahiers de Douai*
50. **Verlaine**, *Fêtes galantes et romances sans paroles*
45. **Voltaire**, *Candide*
88. **Voltaire**, *Zadig*

COLLÈGE

22. *3 contes sur la curiosité*
40. *3 meurtres en chambre close*
44. *4 contes de sorcières*
5. *4 fabliaux du Moyen Âge*
27. *4 nouvelles réalistes sur l'argent*
81. *Anthologie du slam*
109. *Contre vents et marées*
100. *Figures de monstres*
26. *La Folie dans les nouvelles fantastiques*
94. *Le Diable dans les contes*
2. *Le Loup dans les fables*
41. *Les Textes fondateurs*
86. *Lettres de poilus 1914-1918*
93. *Paris au XIXe siècle*
98. *Quand le quotidien devient étrange...*
101. *Ruses, mensonges et masques*
64. *Ali Baba et les quarante voleurs*
4. *La Farce du cuvier*
37. *Le Roman de Renart*
65. *Tristan et Iseut*
73. **BALZAC**, *Adieu*
84. **BOCCACE**, *Décaméron*
94. **CARROLL**, *Les Aventures d'Alice au pays des merveilles*
74. **CHRÉTIEN DE TROYES**, *Yvain, le Chevalier au lion*
104. **CORNEILLE**, *Le Cid*
51. **COURTELINE**, *Le gendarme est sans pitié*
38. **DUMAS**, *Les Frères corses*
1. **HOMÈRE**, *L'Odyssée*
71. **FEYDEAU**, *Le Fil à la patte*
67. **GAUTIER**, *La Morte amoureuse*
80. **HUGO**, *Claude Gueux*
83. **HUGO**, *Cosette, une enfance malheureuse*
29. **HUGO**, *Le Dernier Jour d'un condamné*
3. **LEPRINCE DE BEAUMONT**, *La Belle et la Bête*
91. **LONDON**, *Nouvelles du Grand Nord*
10. **MAUPASSANT**, *Boule de Suif*
43. **MAUPASSANT**, *4 nouvelles normandes*
62. **MÉRIMÉE**, *Carmen*
11. **MÉRIMÉE**, *La Vénus d'Ille*
68. **MOLIÈRE**, *George Dandin*
7. **MOLIÈRE**, *L'Avare*
76. **MOLIÈRE**, *L'École des femmes*
23. **MOLIÈRE**, *Le Bourgeois gentilhomme*
58. **MOLIÈRE**, *Le Malade imaginaire*
70. **MOLIÈRE**, *Le Médecin malgré lui*
52. **MOLIÈRE**, *Le Sicilien*
36. **MOLIÈRE**, *Les Fourberies de Scapin*
28. **MUSSET**, *Il ne faut jurer de rien*
102. **NEMIROVSKY**, *3 nouvelles*
6. **NICODÈME**, *Wiggins et le Perroquet muet*
21. **NOGUÈS**, *Le Faucon déniché*
59. **PERRAULT**, *3 contes*
8. **POUCHKINE**, *La Dame de Pique*
39. **ROSTAND**, *Cyrano de Bergerac*
9. **STEVENSON**, *Dr. Jekyll et Mr. Hyde*
90. **SHAKESPEARE**, *Roméo et Juliette*
24. **SIMENON**, *L'Affaire Saint-Fiacre*
105. **SWIFT**, *Voyage à Lilliput*
54. **TOLSTOÏ**, *Enfance*
61. **VERNE**, *Un hivernage dans les glaces*
25. **VOLTAIRE**, *Le Monde comme il va*
17. **VOLTAIRE**, *Micromégas*
42. **ZWEIG**, *Le Joueur d'échecs*
53. **ZOLA**, *Nantas*
87. **ZOLA**, *Amour et mariage au XIXe siècle*

Conception graphique : Julie Lannes
Design de couverture : Elise Launay
Recherche iconographique : Gaëlle Mary
Mise en page : STDI
Édition : Sonia Berthelot

Ce livre est imprimé sur du papier issu de forêts gérées durablement.

N° édition : 10295398 - Dépôt légal : décembre 2017
Imprimé en France en août 2023 par la Nouvelle Imprimerie Laballery - N° 307792

La Nouvelle Imprimerie Laballery est titulaire de la marque Imprim'Vert®

Crédits des illustrations

Couverture : *La Colonie*, dans *Le Jeu de l'île*, mise en scène de Gilberte Tsaï, 2011 © Pierre GROBOIS

5 : Antoine Watteau (1684-1721), *L'Enjoleur*, peinture sur bois, Coll. particulière. BIS / © Archives Labor
13 : © Pierre Grobois
24 : © LEEMAGE / Photo Josse
26 : © LEEMAGE
30 : © Collection Archives Nathan
37 : BIS / Ph. Jeanbor © Archives Labor
44 : © LEEMAGE
48 : © LEEMAGE
52 : BIS / © Archives Labor
55 : © BnF, Dist. RMN – Grand Palais /image Bnf
59 : BIS / © Archives Labor
62 : BIS / © Archives Labor
67 : BIS / Ph. Coll. Archives Labor
74 : © Collection Archives Nathan
76 : BRIDGEMAN IMAGES / Private collection © Christie's images
84 : © RMN – Grand Palais (domaine de Chantilly) / René-Gabriel Ojeda
86 : © Suddeutsche Zeitung / Rue des Archives

Verso I et 108 : *La Colonie*, dans *Le Jeu de l'île*, mise en scène de Gilberte Tsaï, 2011 © Pierre GROBOIS
Verso II et 109 : © SHUTTERSTOCK / Everett Historical

À voir

Des vidéos/DVD

- ***La Colonie***, mise en scène de Jean-Marie Villégier, théâtre national de Strasbourg, 1994.
- ***Le Jeu de l'île***, d'après Marivaux, Gilberte Tsaï, 2011.
  Il s'agit d'une adaptation de plusieurs pièces de Marivaux qui se déroulent sur une île : *L'Île de la Raison*, *L'Île des esclaves* et *La Colonie*.
- ***Les Fausses confidences* (2017)**, film réalisé par Luc Bondy, adapté de la pièce de Marivaux.
  Araminte, une riche veuve ne souhaite pas épouser le comte que sa mère lui propose. Se présente alors chez elle un jeune homme beau et mystérieux, Dorante, qui veut devenir intendant de la maison et qui cache sa véritable origine.
- ***Les Suffragettes* (2015)**, réalisé par Sarah Gavron et écrit par Abi Morgan.
  Le film expose la lutte des militantes du mouvement britannique pour le droit des femmes, les suffragettes.